길을 잃으면
새로운 길을 알게 됩니다..

원영 合掌

이제서야 이해되는 금강경

이제서야 이해되는 금강경

단숨에 읽히고 즐겁게 깨치는
원영 스님의 금강경

원영 지음

불광출판사

책을 펴내며

처마 끝에 달아놓은 풍경이 매서운 찬바람에 '땡그랑땡그랑' 울음소리를 내며 요란하게 흔들립니다. 목이 칼칼해져 나오는 기도스님의 기침 소리까지도 오늘은 추임새처럼 들립니다. 여기에 목탁 소리, 염불 소리까지 곁들여지면 혼잡한 세상에선 들을 수 없는 빛의 소리로 도량이 가득해지죠.

여러분, 잘 지내셨나요? 다시 1년 만에 인사드립니다. 아시다시피, 최근 몇 년 동안 저는 불교 입문자를 위해 '이제서야 이해되는 시리즈'를 펴내는 중입니다. 출가자로 살아가면서 수행의 중심축을 부처님의 가르침을 바탕으로 한 '전법 포교'에 두고, 책을 집필하고 있는데, 어느덧 이번 책이 세 번째가 됩니다.

이번에는 현재를 어떻게 살아가야 할지, 그 방법을 알려주는 경전을 골랐습니다. 바로 『금강경』입니다. 고백하자면 저는 아직 깨달음이 많이 부족한 출가자입니다. 나름대로는 확신을 가지고 부처님 말씀을 전하며 살고는 있지만, 정말 제대로 이해하여 전하고 있는지는 사실 잘 모르겠습니다. "이제서야 이해되는 금강경"이라니……. 솔직히 이런 타이틀의 경전 해설서를 펴내는 것만으로도 내내 부끄럽고 송구할 따름입니다. 다만, 늘 그렇듯 부처님의 진실한 법을 전하고자 하는 저의 서원을 담은 해설서라는 점만큼은 알아주셨으면 합니다. 저는 그저 이 책이 더 다양한 방면의 분들에게 좋은 인연으로 이어지기를 바랄 뿐입니다.

전 세계 불교도들이 가장 사랑하는 불교 경전이라 해도 과언이 아닐 만큼 잘 알려진 경전이 바로 『금강경』입니다. 그리고 『금강경』은 대한불교조계종의 소의경전(所依經典)이기도 합니다. '소의경전'이라는 단어는 많이 들어봤지만, 대체 소의경전이 무엇인지 정확하게 알지 못해서 궁금해 하는 분들도 많으리라 짐작됩니다. '소의경전'이라고 하는 것은, 그 종교의 기본 사상을 담고 있어서 자신이 종교 생활을 함에 있어 의지[依]할 만한 경전이라는 뜻입니다. 이 말은 곧 대한불교조계종의 출가자나 재가자는 『금강경』을 근본으로 따르고 의지하여 신행 생활을 하면 좋다는 뜻입니다.

'의지하라'는 단어를 쓰고 보니, 부처님의 유훈이 생각나는군요. '자등명 법등명[自燈明 法燈明, 자신을 등불로 삼고 법(진리)을 등불로 삼아 의지하라]'이라는 말씀입니다. 부처님은 외부의 힘에 이끌려 헛되이 세상을 헤매지 말고, 어떤 절대적인 존재가 있다고 믿지도 말고, 오로지 자기 자신을 의지하고, 바른 법의 가르침에 의지하여 살아가라고 하셨습니다. 그러니 스스로에게 의지하려면 과거에 매달려 자신을 들볶지도 말아야 할 것이요, 미래에 헛되이 희망을 걸어놓지도 말아야겠습니다. 그릇된 관점에서 벗어나는 것이 무엇보다 중요합니다.

자, 그렇다면 『금강경』의 핵심이 무엇이기에 조계종은 '소의경전'으로까지 삼은 것일까요? 제가 이해한 바에 의하면, 『금강경』의 핵심은 '불취어상(不取於相)', 바로 상을 취하지 말라는 데에 있습니다. 물론 『금강경』은 이 가르침 외에도 많은 것을 전하고 있습니다. 하지만 상(相)을 이해하지 못하고는 결코 『금강경』의 가르침을 이해하기는커녕 깊은 깨달음에 들어설 수가 없습니다. 머무는 바 없이 마음을 내라는 '응무소주 이생기심(應無所住 而生其心)'도 결국 '상'을 취하지 않아야 가능한 일입니다. 나아가 여래를 있는 그대로 바라볼 수 있게 만드는 것도 '상'을 취하지 않아야만 이룰 수 있는 깨달음의 현상이거든요.

『금강경』을 읽어보면, 부처님은 자신의 존재를 예로 들어 설명하곤 합니다. 수보리 존자에게 "여래가 여래로 보이는가?"라고 물으면서 말이죠. 평소 부처님은 당신의 존재를 신처럼 받드는 것을 몹시 경계하셨습니다. 모든 존재와 만물의 이치를 스스로 깨달아 알았기에, 오히려 절대적인 존재를 부정할 수 있었던 것이죠. 그래서 당신을 그와 유사한 존재로 만들어 신봉하는 것에 대해 누구보다 더 단호하게 거부할 수 있었던 게 아닐까 생각합니다. 모든 것은 서로에게 기대어 존재하기 마련이니까요.

아무튼 『금강경』은 우리가 이 세상을 살아갈 때 어떠한 마음가짐으로 살아가면 좋을지를 알려줍니다. 어떻게 마음을 비워야 하는지 알려주고, 어떠한 견해나 지위에도 집착하지 말라고 가르칩니다. 삶 속에서 끊임없이 집착 버리기를 실천하는 보살의 삶을 살라고 권하면서요. 그러한 삶으로 이끌기 위해 섣부른 판단을 내리거나 입으로 비난하는 행위를 동반하지 않고 현실을 직시할 수 있는 혜안을 갖도록 안내합니다.

이번 『이제서야 이해되는 금강경』이 주는 깨달음의 첫 여정에 동행하는 모든 독자 여러분에게 약속 하나 드리겠습니다. 아무쪼록 종착지 '금강역(金剛驛)'에 이르렀을 때는 분명 나 자신이 여태껏 만나지 못했던 단단해진 자아와 조우하게 될 것을요. 마지막으로 늘 섬세한 언어로 든든한 뒷손이 되어주시는 분과 제 마음에 생채기가 날 때마다 미소 반창고를 붙여주시는 모든 분에게 진심으로 감사의 마음을 전합니다. 고맙습니다.

을사년 봄 청룡암에서
원영 합장

차례

책을 펴내며 4

1 『금강경』 이해하기

1 강인하고 단단한 『금강경』 18
2 부처님의 생활 루틴 24
　● 제1 법회인유분
3 나답게 살기 위한 질문 32
　● 제2 선현기청분
4 어떻게 생각하느냐가 그 사람을 만든다 39
　● 제3 대승정종분
5 내가 생각지 못한 나의 오류들, 상(相) 47

2 다시 시작하려면

1 돌려받지 못할 마음이라도 주어야지 64
　● 제4 묘행무주분
2 당신의 진실한 모습을 봅니다 71
　● 제5 여리실견분
3 말세에도 답은 있다 82
　● 제6 정신희유분

4 고집부릴 일 하나도 없다 91
- 제7 무득무설분

5 복(福)이 뭐길레 99
- 제8 의법출생분

6 유혹에 흔들리지 않을 자신 있는가 105
- 제9 일상무상분

3 언제 어디서든

1 머무름 없이 마음을 내라 120
- 제10 장엄정토분

2 지혜를 나누면 복이 된다 133
- 제11 무위복승분

3 올바른 가르침의 힘 141
- 제12 존중정교분

4 이름에 갇히지 마라 148
- 제13 여법수지분

5 역경을 이겨내고 피는 꽃이 아름답다 158
- 제14 이상적멸분

6 성공한 사람은 모두 노력하며 산다 170
- 제15 지경공덕분

4 흔들리지 말라

1 업장을 깨끗이 맑히다　184
- 제16 능정업장분

2 정해진 것이 없기에 진리가 된다　191
- 제17 구경무아분

3 나이테의 허상　203
- 제18 일체동관분

4 답을 정해 둔 사람은 설득하기 어렵다　214
- 제19 법계통화분

5 이름에 속지 말자　221
- 제20 이색이상분

6 말은 생각을 담는 그릇이다　226
- 제21 비설소설분

5 마음을 열면

1 날마다 좋은 날　240
- 제22 무법가득분

2 구름은 바람 없이 움직이지 않는다　246
- 제23 정심행선분

3 지혜로운 선택이 복을 부른다　255
- 제24 복지무비분

4 길을 잃으면 새로운 길을 알게 된다　261
- 제25 화무소화분

5 연기처럼 사라질 인생, 집착하지 마라 267
  ● 제26 법신비상분
6 생각에 속고 있다 274
  ● 제27 무단무멸분

6 깨달음이 보인다

1 누릴 복을 아껴라 286
  ● 제28 불수불탐분
2 oh, my Buddha! 오, 나의 부처님! 291
  ● 제29 위의적정분
3 이치와 현상이 만나다 297
  ● 제30 일합리상분
4 부처의 눈으로 보면 306
  ● 제31 지견불생분
5 무엇에도 흔들리지 않는다 315
  ● 제32 응화비진분

책을 마치며 324

『금강경』 이해하기

제아무리 중생 구제를 서원하며 마음을 내었어도,
육신이 있는 한 고통 속에서
마음을 다스리며 살아가기는 마찬가지다.
그러므로 우리는 끊임없이 마음을 다스려야 한다.

모세혈관 끝까지
보살의 마음이 가득 들어차도록,
신기루 같은 삶 속에서 마음을 내려놓고
욕망을 버리고 차근차근 나아가야 한다.

그렇게 내 안에 있는 불안과 두려움,
탐욕과 성냄부터 없애야 한다.
그래야만 존재들에게 공감하고 위로하며
지혜로써 그들을 이끌어갈 수 있는
보살의 삶을 살 수 있다.

강인하고 단단한
『금강경』

사후세계에서 꼭 만나게 된다는 염라대왕은, 『금강경』을 워낙 좋아해서 항상 머리에 이고 있다고 한다. 그래서 어느 사찰에서든 명부전에 갔을 때 명부(冥府) 시왕(十王) 가운데 가장 알아보기 쉬운 분이 염라대왕이다. 머리에 책을 이고 계신 분만 찾으면 된다. 그분이 바로 염라대왕이다.

그럼 여기서 불자들을 위한 꿀팁 하나를 드리겠다. 나중에 저승에서 염라대왕을 만나 "살아서 잘한 일이 무엇이냐?"고 물으시거든 "생전에 『금강경』을 독송했습니다."라고 대답하면 공덕 가산점을 주신다고 한다. 자, 이런 꿀팁을 놓칠 리가 없고, 놓쳐서도 안 될 터! 오늘부터 『금강경』 독송 1일 시작이닷!

그럼 제목부터 살펴보자.

『금강경(金剛經)』은 『금강반야바라밀경(金剛般若波羅蜜經)』의 줄임말이다. "나의 번역에 오류가 없다면 내 시신을 화장한 뒤에도 혀는 타지 않을 것이다(若所傳無謬者 當使焚身之後 舌不焦爛)."라고 했다는 불교계 최고의 역경가가 있다. 화장한 뒤에도 혀만은 타지 않고 푸른 연꽃 위에서 빛을 밝혔다는 구마라집(鳩摩羅什, 344~413) 스님이다. 그는 '극락(極樂)'이나 '관세음보살(觀世音菩薩)'과 같은 유명한 불교 용어를 탄생시켰다. 우리가 알고 있는 불교 용어의 상당수가 그의 번역을 기준으로 한다. 그러한 구마라집 스님이 번역한 경의 제목이 『금강반야바라밀경』이다.

원래 이 『금강경』은 기원후 150년에서 200년 사이에 인도에서 완성되었다고 알려져 있다. 완성연대의 폭을 좀 더 넓히면, 기원 전후로 해서 대략 300년까지 보기도 한다. 어쨌든 이렇게 인도 고대어인 산스크리트어[梵語]로 지어진 『금강경』을 구마라집 스님이 402년에 한역(漢譯)했고, 660년경에는 중국 고전문학의 사대기서(四代奇書)로 널리 알려진 『서유기』에 등장하는 삼장법사의 실제 인물, 현장(玄奘, 602~664) 스님도 『금강경』을 한역으로 펴냈다.

『금강경』은 총 6종의 한역이 있는 것으로 알려져 있다. 그중에서도 지금 '금강반야바라밀경'이라는 제목에서 설명했듯이, 구마라집 스님의 한역본이 가장 널리 읽히고 있다. 그 이유는 구마라집 스님의 번역이 더 부드럽고 유려하기 때문이 아닐까 싶다. 현장 스님의 한역은 원서에 충실하게 번역하긴 했지만, 당시 실생활에 사용되지 않는 생소한 단어와 문장이 대부분이어서 이해가 어려웠기 때문이다. 그렇기에 우리나라 해인사 대장경판에 들어 있는 『금강경』도 구마라집 스님의 한역본이다. 이 책에서도 구마라집 스님의 한역본을 바탕으로 살펴보겠다.

사실 『금강경』은 영문으로 표기했을 때 의미를 더 친근하게 알아볼 수가 있다.

"다이아몬드 수트라(Diamond Sutra)"

어디선가 들어봤을 법한 이름이다. 어느 주얼리 브랜드가 아니고 불교 경전의 제목이다. '금강(金剛)'이라고 하는 것은 '다이아몬드'를 말한다. 이 글을 읽는 이들 가운데에도 혹시 손에 끼거나 목에 걸고 있는 이가 있을 것이다. 보통 결혼식을 할 때 다이아몬드가 박힌 반지를 예물로 주고받는데, 그만큼 엄숙한 다짐과 단단한 믿음으로 이루어지는 인생 제2막의 출발점이 결혼이기 때문이 아닐까 싶다.

'금강'과 얽힌 이야기를 좀 더 하자면, 티베트불교 스님들이 가지고 있는 '금강저(金剛杵)'를 말하지 않을 수 없다. 금강저는 불교의 수호신인 제석천왕(힌두교의 인드라신)이 다툼이 있을 때 상대를 다스리는 무기로 사용한다고 알려져 있다. 그러니까 필요에 따라서는 악을 무찌를 수도 있고, 상대를 파괴하기도 하며, 태워버릴 수도 있는 아주 강력한 무기가 '금강저'인 것이다. 여기에서의 '금강'은 어떤 것도 단숨에 제압할 수 있는 강력한 힘을 의미한다.

언젠가 욕실 바닥의 타일을 새로 바꾸는 공사를 한 적이 있었다. 시공하는 작업자가 타일을 너무 쉽게 자르는 모습을 보고 매우 신기해서 "아니, 이게 대체 뭐길래 이렇게 두꺼운 타일도 금방 잘 잘라냅니까?" 하고 칼이 무엇으로 된 것인지 물어보았다. 그랬더니 미소를 지으며 답하기를, "스님, 믿으실지 모르겠지만 이 기계 끝에는 다이아몬드가 달려 있습니다."라고 하였다. 물론 세공이 잘된 다이아몬드는 아니겠지만, 칼날 끝에 다이아몬드가 달려서 그 두꺼운 타일을 쉽게 자를 수 있다는 이야기였다. 나는 순간 깜짝 놀랐다. 이전부터 금강석이 얼마나 단단한 것인지 수없이 말해 왔지만, 정작 어느 정도인지는 전혀 감이 와닿지 않았는데, 『금강경』이 이래서 『금강경』이구나' 하는 느낌이 확 왔다. 자연 광물 중에서 가장 단단하다는 것이 눈앞에서 증명되는 순간이었다.

이렇게 단단하고 강력한 힘을 지닌 '금강'이 경전 제목으로 붙었다는 건 그만큼 『금강경』이 지닌 힘이 강하다는 것 아닐까? 그럼 무슨 힘을 말하는 것인지 알아봐야겠다. 바로 다음에 나오는 단어에 힌트가 있다. '반야(般若)'라고 하는 단어다. 보통 지혜를 뜻하는 '반야'는 산스크리트어로는 '프라즈냐(prajñā)', 빨리어로는 '빤냐(paññā)'라고 한다. 굳이 이렇게 구분하여 말하는 이유는 '빤냐'라는 빨리어 단어와 '반야'라는 한자어의 소리음이 워낙 비슷해서이다. '반야'라는 한자 번역어가 빨리어를 음차해서 만든 것이라고 추측할 수 있는데, 보통 산스크리트어를 음차해서 한자음을 표기하는 것을 생각하면 특이한 일이다.

아무튼 '반야(지혜)'는 모든 존재와 사물의 진실한 모습을 이해하고 바로 볼 줄 아는 통찰의 지혜를 말한다. 즉 연기적 관점에서 현상을 있는 그대로 볼 줄 아는 지혜가 반야다. 그러니까 반야를 '지혜'로 설명하긴 하지만, 반야가 가진 뜻을 지혜라는 단어가 온전히 다 풀어내진 못하는 실정이다. 그렇기에 '반야'라는 단어를 그대로 음차해서 사용한 것이 아닌가 싶다.

앞의 말과 합하면 '금강반야'가 된다. 단단하고 강한 힘을 상징하는 '금강'과, 세상의 이치를 꿰뚫어 아는 '반야'가 합해졌으니, 얼마나 강한 지혜이겠는가? 지혜 가운데에서도 최상의 지혜를 '반야'라고 한다. 이것을 꼭 기억하고 넘어가야겠다.

그런데 구마라집 스님의 번역과는 달리 현장 스님의 번역에서는 제목의 '금강' 앞에 '능단(能斷, 능히 끊어버린다)'이라는 단어가 하나 더 붙어 있다. 금강석은 무엇이든 다 잘라버릴 수 있기 때문에 붙인 것인지도 모른다. 금강과 같은 지혜로 능히 중생의 나쁜 관념과 습관을 잘라버리라는 의미다. 이 뒤에 '바라밀(波羅蜜, pāramitā, 건너가다)'이 나오는 것으로 보아, 번뇌를 끊고 지혜를 완성하여 깨달음의 언덕으로 건너가라는 뜻으로 해석된다. 그리고 그것을 담아 이야기로 엮어 실로 묶어놓은 것을 경(經, Sutra)이라고 한다.

"금강반야바라밀경"

이렇게 제목만으로도 알찬 이야기가 꿰어진다. **금강과 같은 반야지혜를 가지고 고통 바다를 건너가는 이야기! 깨달음의 세계로 건너가자는 권유가 담긴 경전이 『금강경』이다.** 그럼 건너가려면 어떻게 갈 것인가? 그냥 갈 수 없다. 배를 타고 가든, 차를 타고 가든, 그 어떤 과정이나 방편이 필요하다. 그 과정을 의미하는 것이 바라밀이요, 바라밀 중에 최고는 반야지혜다. 즉, 금강처럼 견고하고 강인한 반야지혜로 사바세계를 건너가는 이야기를 지금부터 시작해 보고자 한다.

부처님의 생활 루틴

◎

제1. 법회인유분

法會因由分 第一
법 회 인 유 분 제 일

如是我聞 一時 佛 在舍衛國 祇樹給孤獨園 與大比丘衆
여시아문 일시 불 재사위국 기수급고독원 여대비구중
千二百五十人 俱 爾時 世尊 食時 着衣持鉢
천이백오십인 구 이시 세존 식시 착의지발
入舍衛大城 乞食 於其城中 次第乞已 還至本處 飯食訖
입사위대성 걸식 어기성중 차제걸이 환지본처 반사흘
收衣鉢 洗足已 敷座而坐
수의발 세족이 부좌이좌

제1. 법회가 열린 인연

이와 같이 나는 들었다. 어느 날 부처님께서 사위국의 기수급고독원에서 천이백오십 명의 스님들과 함께 계셨다. 마침 세존께서는 공양하실 때가 되어 가사를 수하고 발우를 들고 사위성에 들어가 걸식하셨다. 성안에서 차례대로 걸식하신 뒤 처소로 돌아오셨고, 공양을 마치신 뒤에는 가사와 발우를 거두시고, 발을 씻으신 다음 자리를 펴고 앉으셨다.

●

나는 늘 불교가 어려웠다. 출가 전에는 더욱 심했다. 불교는 뭐가 그렇게 심오하고 어려운 말로 이루어진 것인지 당최 알 길이 없었다. 신비롭고 이상적인 건 좋은데, 보통의 사람들로서는 오를 길 없는 높은 경지만을 추구하는 것 같아 현실감이 떨어지는 종교로밖에 인식되지 않았다. 그러한 생각 탓인지, 불교에 대한 무지로 인해 출가 생활의 질이 현격히 떨어졌다. 대체 이것은 유교인가, 불교인가? 질서를 중시하는 스님들 사이에서 나는 서서히 지쳐갔다. 삶은 점점 더 피로하고 나는 절망했으며, 발전도 없고 미래도 불투명한 채 출가자로 산다는 것이 자신을 괴롭혔다.

그런 삶을 계속 유지하다가는 비극적 결말을 초래할 게 뻔했다. 숨 막히게 살던 나는 탈출구를 찾기로 했다. 가장 합리적으로 자신을 구할 수 있는 길을 모색하며 버텨온 것이다. 그러던 중 누군가로부터의 유학 권유는 내게 더할 나위 없는 최고의 선택지가 아닐 수 없었다. 나는 뒤도 돌아보지 않았다. 무작정 떠났다. 10년이란 기간을 한정하여 성과를 이루지 않으면 돌아오지 않겠노라 다짐하면서.

그때의 그 어리석은 중생에게 손을 내밀어 '불교는 그런 게 아니야'라고 가르쳐주신 분이 계셨다. 최선이자 최후의 선택지로 떠난 유학길에서 나는 기어이 그분을 만났다. 믿기 어렵겠지만 그분은 다름 아닌 부처님이다. 그것도 2,600여 년 전의 생생한 부처님!

처음 뭘 전공해야 할지 모를 때, 그 학교에는 율학에 밝은 세계적인 불교 석학이 있으니, 계율을 공부하는 게 어떻겠느냐는 제안을 받았다. 내 적성과는 전혀 어울리지 않는 학문이라 처음엔 탐탁스럽지 않았다. 첫 강의 시간, 선생님으로부터 부처님의 인간적인 면모를 가장 잘 알 수 있는 학문이 '계율'이라고 들었다. 과연 그럴까, 속으로 미심쩍었다. 그런데 정말 율장(律藏, 승가의 규칙 모음집)을 공부하면서 출가 이래 처음으로 부처님과 함께 생활하는 것만 같았다. 언감생심 꿈도 못 꿀 깨달음으로 향하는 그 길에서 부처님과 도란도란

이야기 나누며 동행하는 기분이랄까. 아무튼 부처님과의 첫 만남은 그러했다.

이렇게 장황하게 사적 소회까지 드러내며 색바랜 과거의 서랍을 여는 이유는, 그러한 기분을 여러분도 느낄 수 있다고 말하기 위해서다. 그리고 그런 느낌을 알고 싶다면, 지금 당장 『금강경』 제1분을 펼쳐보시라 권하고 싶다.

자, 첫 장을 넘겨보자.

우선 제1. 「법회인유분(法會因由分)」이라는 명칭이 나온다. 『금강경』은 대승불교 경전에 해당되는데, 대승경전 가운데에서도 아주 앞선 시기에 만들어져서 초기불교의 향기가 물씬 풍긴다. 원래 『금강경』에는 목차 구분이 없었다고 한다. 그런데 우리가 읽는 『금강경』은 1분, 2분… 이런 식으로 목차가 나누어져 있다. 원래의 『금강경』은 그러한 소분이 없었는데, 양 무제의 아들인 소명태자가 구마라집 스님의 번역본을 읽고는 이해하기 쉽도록 서른두 개로 나누어 각 장마다 소제목을 붙여서 지금의 형식을 갖추었다고 한다. 그래서인지 절에서 『금강경』을 독송할 때면 'ㅇㅇ분'은 읽지 않고 내용만 쭉 읽어 내려간다.

이것 말고도 구성상의 특이점은 또 있다. 구마라집 번역본은 『금강경』의 내용이 하나가 아니고, 같은 내용이 두 번 반복되어 있다. 그러니까, 두 개의 번역본을 합해서 하나의 경전으로 편집해 놓은 것으로 이해하면 된다.

자, 제1분이다. 법회가 열리게 된 인연에 대한 설명이 시작된다. 모든 경전이 그렇듯 시작은 '이와 같이 나는 들었다(如是我聞)'이다. 물론 이 말의 주인공은 아난 존자다. 그는 부처님 곁에서 무려 22년간 시자(侍者)로 살았다. 부처님의 말씀을 가장 많이 들었고, 부처님이 열반에 든 후에는 경장(經藏)을 결집하는 데 주요 역할을 맡았다. 그런 까닭에 우리가 아는 모든 경전은 편찬의 진위 여부를 떠나서 아난 존자의 증명 구절인 '여시아문(如是我聞)'이 들어가 있다. 요즘으로 표현하자면, 브랜드 시그니처인 셈이다.

『금강경』을 설하실 때 부처님은 사위성(舍衛城, 슈라바스티)의 기수급고독원(祇樹給孤獨園)에서 많은 비구들과 함께 계셨다. 사위성은 왕사성(王舍城, 라자가하)과 함께 부처님 당시 가장 강대한 나라였다. 왕사성에 죽림정사(竹林精舍)가 있다면, 사위성에는 기원정사(祇園精舍, 기수급고독원에 있는 정사)가 있었다. 덕분에 부처님과 제자들은 편히 머물 수 있었다. 1,250인의 비구대중은 상징적인 숫자로 받아들이면 된다. 실제로 당시에 부처님께서 제도하여 받아들인 비구의 숫자이기도 하고, 고대 인도의 숫자 표기 방식이 적용된 것이기도 하다.

장소로 언급되는 기수급고독원(기원정사)은 기타태자(祇陀太子, 제따태자)와 급고독장자(給孤獨長者, 본명은 '아나타삔디까'지만, 외로운 이들에게 많이 베풀어 사람들로부터 '급고독장자'라 불렸다.)가 부처님과 제자들을 위하여 지은 곳이다. 정사를 짓기 위해 기타태자의 숲을 사려고 급고독장자가 수레에 황금을 가득 싣고 와서 동산에 깔았다는 이야기는 아주 유명하다. 이에 감동받은 기타태자가 자신도 기증하겠다고 하여 두 사람의 이름을 따서 '기수급고독원'이 되었다.

부처님은 동이 틀 무렵 일어나 가사(袈裟)를 단정히 수하시고(불교에서는 가사를 '입었다'고 하지 않고 '수한다'고 표현한다.) 가까운 마을로 걸식하러 나가셨다. 출가자는 걸식 생활을 기본으로 하기 때문이다. 당연히 부처님도 출가 승단의 구성원이므로, 누군가가 걸식해 온 음식을 받아서 드시지 않고, 직접 구걸해서 끼니를 해결하셨다. 비구(比丘)라는 호칭에 '걸사(乞士, 구걸하는 선비)'의 의미가 담긴 것도 그러한 이유에서이다.

가사도 마찬가지다. 부처님도 여느 스님들과 마찬가지로 가사를 수하셨다. 스님들이 입는 가사는 원래 분소의(糞掃依)라고 해서 버려진 천을 모아 꿰매서 만든 옷이다. 이는 시체를 덮은 천이나 버려진 천을 주워와서 손수 기운 옷을 말하는데, 그 옛날 인도 스님들은 이러한 분소의를 입는 것을 기본생활 원칙으로 정했다. 옷은 추위와 더위를 고려하여 의식용 가사(saṅghāṭī, 승가리), 평상복 가사(uttarāsaṅga, 울다라승), 속에 입는 가사(antaravāsaka, 안타회)의 세 종류를 허용하였고, 걸식을 위해 발우 하나를 갖출 수 있도록 했다.

차례로 걸식한다는 말은 일곱 집을 차례대로 돌아 걸식하는 것을 말한다. 걸식할 때는 부자이건 가난한 이건 차별 없이 순차적으로 방문한다. 이는 누구에게나 복 지을 기회를 주고자 함이며, 공양 올리는 이들의 삶을 살피기 위함이기도 하다. 한때 가섭 존자는 가난한 이들이 조금이라도 복을 지어 가난에서 벗어날 수 있도록 가난한 집만 골라 다녔고, 아난 존자는 가난한 이들에게 폐를 끼치지 않기 위해 부잣집만 골라 다녔다. 여기에는 사사로운 감정이 들어가 있다. 좋게 표현하면 배려이지만, 불교적 관점에서 보면 어찌 되었든 상대적으로 차별하는 마음이 작용한 것이다. 그 사실을 알게 된 부처님은 일곱 집을 차례대로 가야 한다고 가르치셨다.

우리나라(대한불교조계종의 경우)는 1966년부터 탁발이 금지되었으나, 남방불교 국가에서는 아직도 걸식이 진행된다. 그러고 보니 문득 오래전 기억이 난다. 몇 해 전 겨울, 몇몇 신도들과 라오스에 간 적이 있다. 꽤 쌀쌀한 새벽에 걸식하는 스님들에게 공양을 올리기 위해 시멘트 바닥에서 무릎 꿇고 앉아 한참을 기다렸다. 아주 고역이었다. 마침 동행한 스님이 "우리도 같은 스님인데, 이렇게 무릎까지 꿇고 공양을 꼭 올려야겠느냐."고 투덜대며 내게 말했다. 몸으로 행하지 않으면 마음에 와닿지 않는다고 했던가. 일리 있는 말이었지만, 공덕 좀 쌓는 거로 하자며 달래어 공양을 올린 기억이 난다.

이른 새벽부터 기다렸는데 동이 트고 나서야 스님들을 만날 수 있었다. 스님들이 가까이 오자 합장 인사를 올리고 커다란 발우에 음식과 돈, 장갑 등 공양물을 넣어드렸다. '저렇게 공양물이 섞여서 어떻게 먹지?' 속으로 굉장히 궁금했다. 더 특이한 점은 동네 아이들이 스님들 뒤를 줄줄이 따라가는 모습이었다. 이상하기도 하고 궁금하기도 해서 가이드에게 아이들이 왜 이렇게 신나게 따라다니는지 그 이유를 물었다. 그랬더니 스님들이 공양받은 음식을 가난한 아이들에게 나누어준다는 것이었다. 그 대답에 '아, 오늘 우리가 공양을 제대로 올렸구나' 싶었다. 마음이 더없이 환해지는 느낌이었다.

오늘날의 스님들이 그러는 것처럼, 부처님은 이렇게 걸식을 마치고 나면 본래의 처소로 돌아오셨다. 해가 정오를 넘기기 전에 주림을 채울 만큼의 공양을 드시고는 가사와 발우를 정리하신다. 여기까지가 공양에 관한 부처님의 생활 루틴이다. 그리고 발을 씻은 다음, 당신 자리를 펴고 편안히 앉으신다. 이제 대중을 위하여 법문할 시간이 되었다.

나답게 살기 위한
질문

◎

제2. 선현기청분

善現起請分 第二
선 현 기 청 분 제 이

時 長老須菩提 在大衆中 卽從座起 偏袒右肩 右膝着地
시 장로수보리 재대중중 즉종좌기 편단우견 우슬착지
合掌恭敬 而白佛言 希有世尊 如來 善護念 諸菩薩
합장공경 이백불언 희유세존 여래 선호념 제보살
善付囑 諸菩薩 世尊 善男子善女人
선부촉 제보살 세존 선남자선여인
發阿耨多羅三藐三菩提心 應云何住 云何降伏其心 佛言
발아뇩다라삼먁삼보리심 응운하주 운하항복기심 불언

善哉善哉 須菩提 如汝所說 如來善護念諸菩薩
선재선재 수보리 여여소설 여래선호념제보살

善付囑諸菩薩 汝今諦聽 當爲汝說 善男子善女人
선부촉제보살 여금제청 당위여설 선남자선여인

發阿耨多羅三藐三菩提心 應如是住 如是降伏其心
발아뇩다라삼먁삼보리심 응여시주 여시항복기심

唯然世尊 願樂欲聞
유연세존 원요욕문

제2. 선현이 일어나 청하다

그때 장로 수보리 존자가 대중 가운데 있다가 자리에서 일어났다. 그는 옷차림을 정돈하고 오른쪽 무릎을 꿇고 합장 공경하여 부처님께 말씀드렸다.

"희유하십니다. 세존이시여, 여래께서는 모든 보살을 잘 보살펴주시고, 격려해 주십니다. 세존이시여, 선남자 선여인이 아뇩다라삼먁삼보리심(최상의 깨달음에 대한 마음)을 일으켰다면, 어떻게 머물며 어떻게 그 마음을 다스려야 합니까?"

부처님께서 말씀하셨다.

"장하구나. 수보리야, 그대의 말과 같이 여래는 모든 보살을 잘 보살피고 잘 격려한다. 그대들은 이제 자세히 들어라. 내 마땅히 그대들을 위해 설하겠다. 선남자 선여인이 아뇩다라삼먁삼보리심을 일으켰다면, 반드시 이와 같이 머물고, 이와 같이 그 마음을 다스려야 한다."

"예. 그렇게 하겠습니다, 세존이시여. 기쁜 마음으로 듣겠습니다."

●

학창 시절을 돌이켜보면 공부 잘하는 학생은 꼭 질문도 잘해서 칭찬받곤 했다. 호기심이 많아서이기도 하겠지만, 대부분은 선생님의 설명을 꿰뚫어보는 힘에서 나오는 듯하다. 어딘가 어색한 부분이 있거나 납득하기 어려우면, 곧잘 잡아내어 질문했던 것 같다.

여기 나오는 수보리 존자도 그렇다. 부처님의 제자 중에서 '공(空)'을 가장 잘 이해한다는 '해공제일(解空第一)'로 불렸던 그는 『금강경』 전체를 이끄는 핵심 질문을 한다.

"세존이시여, 선남자 선여인이 아뇩다라삼먁삼보리심(최상의 깨달음에 대한 마음)을 일으켰다면, 어떻게 머물며 어떻게 그 마음을 다스려야 합니까?"

이 질문은 깨달음으로 가는 수행자들이 어떤 마음 자세로 살아야 하는지를 묻는 것이다.

자 그럼, 대답을 하기 전에 이런 질문을 한 수보리 존자가 어떤 인물인지부터 알아보자. '선현이 일어나 묻는다'는 「선현기청분(善現起請分)」의 '선현(善現)'이 바로 수보리 존자다. 『금강경』은 수보리 존자의 질문에 대해 다양한 각도로 설명을 이어가는 부처님의 말씀을 담고 있다.

수보리 존자는 뜻밖에도 세속에 있을 때 분노가 많아서 싸움을 몰고 다닌 사람이었다고 한다. 가족들조차도 고개를 절레절레 흔들 정도였다. 아참, 그는 기원정사를 지어서 부처님께 기부한 급고독 장자의 조카이기도 하다. 기원정사가 완성되는 날, 부처님께서 하신 설법을 듣고 출가했다. 그런 그에게 붙은 또 하나의 칭호 '무쟁제일(無諍第一)'은 늘 그렇게 분란을 일으키던 사람이 출가한 이후로 다툼이 없어졌기 때문이라고 한다. 또한 무쟁제일은 깨달음을 얻고 난 후로 '다툼 없이 머무는 자들 가운데 수보리가 제일이다'라는 부처님의 칭찬(「무쟁에 대한 분별경」, 『맛지마 니까야』 139)에서 비롯된 별명이다. 세상의 이치를 알고 나면, 더 이상 다툴 일이 없을 것이다. 그러니 수보리 존자는 과연 선현(善現, 착한 존재)이라고 불릴 만하다.

수보리 존자는 부처님께 질문하기 위해 한쪽 어깨를 드러내어

옷매무새를 고치고, 오른쪽 무릎을 꿇어 합장 공경하는 포즈를 취한다. 이러한 옷차림과 태도는 지금도 남방불교 국가에서 흔히 볼 수 있다. 그러고 보니, 우리도 가사를 수할 때는 오른쪽 어깨가 드러나게 한다. 물론 그 속에 장삼이라고 하는 커다란 의식용 의복을 갖추어 입기는 한다. 게다가 여러 겹의 옷을 입고 그 위에 가사를 수하기 때문에, 실제로 맨 어깨가 드러나는 일은 없다.

오른쪽 무릎을 꿇는 행위는 큰스님을 뵐 때, 우선 절(불교식 인사법)부터 하고 앉는 절집 예절과 흡사하다. 큰스님 앞에서 "안녕하세요." 하고 자리에 털썩 앉는 경우가 없듯이, 오른쪽 어깨를 드러내고 무릎 꿇고 합장하는 자세는 다 부처님이나 큰스님을 향한 예를 갖춘 모습이다. 특히 오른쪽은 좋은 방향과 길한 것을 상징하기에 그렇다.

다음, 수보리 존자의 질문을 보자. '선남자 선여인'은 좋은 집안의 착한 사람들(선남선녀)을 가리키는 말이다. 그런 이들이 깨달음을 향해 착한 마음을 일으켰다면, 앞으로 어떻게 살아가야 할지 그 방향을 알려달라는 것이다. 즉, 수보리 존자는 최상의 깨달음을 향한 마음을 일으킨 자들이 가져야 할 마음 자세가 무엇인지 묻는다.

최상의 깨달음을 향한 마음, 즉 '아뇩다라삼먁삼보리심(阿耨多羅三藐三菩提心)'을 일으킨 자들이 누굴까? 정답은 '보살(菩薩)'이다. 선남자 선여인이 최상의 깨달음을 향한 마음을 일으켜 보살이 된 것이다. 보살은 대승불교도들이 추구하는 이상적인 인물상을 말한다. 『능엄경』에 다음과 같은 구절이 나온다.

> "스스로 제도하지 못하고서 먼저 다른 사람을 제도하고자 하는 것은 보살의 발심이요, 스스로 원만히 깨닫고서 다른 사람을 깨닫게 하는 것은 여래의 처세이다."
>
> (自未得度, 善度人者, 菩薩發心, 自覺已圓, 如來應世)

자신도 아직 깨닫지 못했지만, 다른 사람들을 외면하지 않고 힘껏 구하고자 하는 것, 이것이 바로 보살이 일으킨 최상의 깨달음을 향한 마음, '아뇩다라삼먁삼보리심'인 것이다. 자신을 위한 수행과 이타적 중생제도가 모두 깨달음을 향한 정진인 셈이다.

특히 대승불교에서는 항상 깨달음의 무게와 중생 구제의 무게를 동일시했는데, 후대로 가면 깨달음을 이루는 것보다 '중생 구제'를 더 우선시하는 경향이 나타난다. 그러니까 『금강경』에서 보리심을 내었다는 말은 '깨달음을 구하는 것'이 곧 '중생 구제의 일'이 되는 것이며, 그것은 바로 보살의 마음을 내었다는 뜻이다.

물론, 이렇게 보살의 마음을 내었다고 해서 마음이 그리 쉽사리 순응하는 것은 아니다. 삶이 순탄한 것은 더더욱 아니다. 우리가 마음만

일으켰다고 해서 갑자기 관세음보살처럼 중생을 구제할 수 있는 일은 아니지 않은가. 쉬운 예로, 지구온난화로 점점 더 뜨거워지는 한여름에 짜증 나 죽겠는데 어떻게 중생 구제를 할 것이며, 뼛속까지 시린 추위에 덜덜 떨면서 어떻게 옷을 벗어줄 생각이 나겠는가 말이다. 제아무리 중생 구제를 서원하며 마음을 내었어도, 육신이 있는 한 고통 속에서 마음을 다스리며 살아가기는 마찬가지다.

그러므로 우리는 끊임없이 마음을 다스려야 한다. 모세혈관 끝까지 보살의 마음이 가득 들어차도록, 신기루 같은 삶 속에서 마음을 내려놓고 욕망을 버리고 차근차근 나아가야 한다. 그렇게 내 안에 있는 불안과 두려움, 탐욕과 성냄부터 없애야 한다. 그래야만 존재들에게 공감하고 위로하며 지혜로써 그들을 이끌어갈 수 있는 보살의 삶을 살 수 있다.

부처님께서도 이러한 수보리 존자의 질문을 받으시고, 흔쾌히 답변해 주겠노라 수락하셨다. 수보리 존자와 대중 역시도 기쁜 마음으로 세상에서 만나기 어려운 부처님[希有世尊]의 말씀을 고대하며, 「선현기청분」은 끝이 난다.

어떻게 생각하느냐가
그 사람을 만든다

◎

제3. 대승정종분

大乘正宗分 第三
대승정종분 제삼

佛告須菩提 諸菩薩摩訶薩 應如是降伏其心
불고수보리 제보살마하살 응여시항복기심

所有一切衆生之類 若卵生 若胎生 若濕生 若化生
소유일체중생지류 약란생 약태생 약습생 약화생

若有色 若無色 若有想 若無想 若非有想非無想
약유색 약무색 약유상 약무상 약비유상비무상

我皆令入無餘涅槃 而滅度之
아 개 영 입 무 여 열 반 이 멸 도 지

如是滅度無量無數無邊衆生 實無衆生 得滅度者 何以故
여시멸도무량무수무변중생 실무중생 득멸도자 하이고
須菩提 若菩薩 有我相 人相 衆生相 壽者相 卽非菩薩
수보리 약보살 유아상 인상 중생상 수자상 즉비보살

제3. 대승의 바른 종지

부처님께서 수보리에게 말씀하셨다.

"모든 보살마하살은 마땅히 이와 같이 그 마음을 다스려야 한다. 보살은 온갖 중생(衆生)의 무리인 난생(卵生, 알에서 태어나는 류), 태생(胎生, 태에서 태어나는 류), 습생(濕生, 물기로 태어나는 류), 화생(化生, 변화하여 태어나는 류), 유색(有色, 형상이 있는 류), 무색(無色, 형상이 없는 류), 유상(有想, 생각이 있는 류), 무상(無想, 생각이 없는 류), 비유상비무상(非有想非無想, 생각이 있지도 않고 없지도 않은 류)을 모두 무여열반(無餘涅槃)에 들도록 제도해야 한다.

이와 같이 한량없고 끝이 없는 중생을 제도했으나 실제로는 한 중생도 제도를 받은 이가 없다. 왜냐하면, 수보리야, 만일 어떤 보살에게 아상(我相)·인상(人相)·중생상(衆生相)·수자상(壽者相)이 있으면, 그는 보살이 아니기 때문이다."

수보리 존자의 질문에 대하여 부처님은 보살이 어떻게 살아가야 할지 대답해 주신다. 다시 말해, 제3.「대승정종분(大乘正宗分)」에는 『금강경』이 말하고자 하는 핵심 키워드가 들어 있다. 즉 부처님은 보살의 사명을 알려주시는데, 그 사명은 다름 아닌 '중생 구제'다. 일체중생의 종류를 아홉으로 나누어 낱낱이 거론하고, 그 중생들을 무여열반(無餘涅槃)에 들게 하는 것! 이것이 바로 보살이 해야 할 일이다. 다만 여기에는 방법이 있다. 상(相)이 없어야 한다.

자 그럼, 중생(衆生)에 대한 설명부터 다시 보자. 중생이란 단어는 생명이 있는 모든 존재를 말한다. 단순히 사바세계를 살아가는 인간만을 이야기하는 것이 아니다. 사람은 그저 어머니의 태를 통해 태어나는 중생의 한 종류일 뿐이다. 여기서 말하는 중생은 물속의 플랑크톤까지도 포함한다.

부처님은 아홉 종류의 중생을 나열했다. 그것을 구류중생(九類衆生)이라고 한다. 첫 번째는 난생(卵生)이다. 난생은 알에서 태어난 중생을 말한다. 새나 닭 등의 조류가 전부 여기에 속한다. 옛날 우리 역사 속 신라의 박혁거세나 김알지, 고구려의 주몽이나 가야의 김수로왕 등은 모두 알에서 태어났다고 하니, 이들은 인간이지만 태어나는 방식으로만 본다면, 태생이 아닌 난생으로 분류할 수 있겠다.

두 번째는 태생(胎生)이다. 태를 통해 나온 중생을 말한다. 인간을 비롯하여 개, 고양이, 코끼리 등 대부분의 축생이 여기에 속한다.

세 번째는 습생(濕生)이다. 습생은 물속에서 또는 습기를 통해 발생하는 중생을 말한다. 물고기 등의 어류와 고인 물에서 발생하는 균이나 이끼, 모기 등도 여기에 포함된다.

네 번째는 화생(化生)이다. 화생은 변화를 거쳐 태어나는 중생을 말한다. 예를 들어 매미나 나비 등은 애벌레에서 곤충으로 변화하니 화생에 해당한다. 이는 모태에서 나온 그대로의 형태를 유지하는 것이 아니라, 변화의 과정을 거쳐 생을 받는 중생들이다. 여기에 더해 모태를 통해 생을 받지 않는 이들, 즉 천상이나 지옥에 있는 중생들을 화생으로 분류하기도 한다.

여기까지 네 종류만 별도로 분류하여 태(胎)·란(卵)·습(濕)·화(化), '사생(四生)'이라고 한다. 흔히 중생을 나누어 설명할 때 자주 사용하는 단어인데, 이것은 생물학적 분류라기보다는 고대 인도인들의 사유방식에서 비롯된 것이다.

다음부터는 조금 복잡해진다. 다섯 번째는 유색(有色)이다. 이는 형상이 있는 중생을 가리키는 말이다. 눈에 보이는 모습이나 빛깔이 분명히 존재하는 중생을 분류한 개념이다. 이와는 반대로, 여섯 번째 무색(無色)이 있다. 무색은 형상은 없으나, 존재하는 것이 확실시되는 중생을 말한다. 예를 들면, 돌아가신 분들이 여기 해당한다고 볼 수 있겠다. 돌아가신 어머니의 존재를 직접 보았는지 묻는다면 할 말이 없지만, 곳곳에서 벌어지는 사례들을 보더라도 돌아가신 뒤에 아무것도 없다고 확신하긴 어렵다. 그러니 이 분류법은 제법 있을 법한 이야기다.

일곱 번째는 유상(有想)이다. 생각도 있고 감각을 지닌 중생, 즉 인식 작용을 하는 중생을 분류한 것이다. 여덟 번째는 무상(無想)이다. 생각이나 감각이 없는 중생, 인식 작용을 하지 않는 중생을 가리킨다. 유색(有色)과 무색(無色)은 형상의 유무로 분류를 한 것이고, 유상(有想)과 무상(無想)은 인식 작용을 할 수 있는지 없는지로 나눈 것이다.

그리고 아홉 번째는 비유상비무상(非有想非無想)이다. 생각이 있지도 않고 없지도 않지만, 감각만은 지닌 중생들을 분류한 개념이다. 인식 작용을 하는 것도 아니요, 하지 않는 것도 아닌 상태로 존재하는 신들을 가리키는 말이다. 수행하는 이들 중에도 어느 정도 경지에 이르러 죽지도 않고 깨지도 않고, 오로지 선정의 힘으로 생존하는 이들이 있는데, 이들이 바로 '비유상비무상'의 상태로 살아가는 존재들이다.

부처님은 이렇게 아홉 종류로서 중생을 구분하여 제도할 대상으로 파악하셨다. 그런데 생각해 보면, 인간은 이 구류중생 모두의 속성을 가지고 있는 듯도 하다. 알이 아니더라도 어머니가 품어서 세상에 나오니 난생(卵生)이요, 어머니의 태 속은 물이기도 하니 습생(濕生)이라 할 수도 있고, 태로 태어나니 태생(胎生)이요, 변하면서 성장하니 화생(化生)이다. 형상이 있으니 유색(有色)이요, 죽은 뒤엔 형상이 사라지니 무색(無色)이다. 생각이 있으니 유상(有想)이요, 생각이 없을 땐 무상(無想)이다. 또 생각이 있기도 하고 없기도 한 상태에 머물 수도 있으니, 비유상비무상(非有想非無想)의 상태로 존재할 수도 있는 것이다.

일체중생의 분류법

- **사생(四生) : 태어남의 종류로 구분**
  1. 난생(卵生) – 알에서 나온 중생, 새나 닭 등
  2. 태생(胎生) – 태에서 나온 중생, 사람, 말, 소 등
  3. 습생(濕生) – 물이나 습기에서 나온 중생, 물고기나 모기, 파리 등
  4. 화생(化生) – 변화하여 태어난 중생, 매미나 잠자리, 나비 등
- **육체 구분**
  5. 유색(有色) – 형상이 있는 중생
  6. 무색(無色) – 형상이 없는 중생
- **정신 구분**
  7. 유상(有想) – 생각이 있는 중생
  8. 무상(無想) – 생각이 없는 중생
- **수행의 경지**
  9. 비유상비무상(非有想非無想) – 선정의 힘으로 생존하는 중생

이러한 구류중생들을 한 마디로 압축하여 불교에서는 일체중생(一切衆生)이라고 한다. 모두가 제도받아야 하는 이들이다. 구류중생, 즉 일체중생을 제도하여 무여열반(無餘涅槃)으로 이끄는 것이 보살의 소명이라고 한다. 그럼, 무여열반이란 대체 무엇일까?

보통 열반(涅槃)이라고 하면, 부처님이 깨달음을 얻은 상태를 말한다. 깨달음을 얻었다는 것은 곧 열반에 들었다는 말이 된다. 그런데, 열반에 들었다고 하면 대부분은 입적하신 부처님을 떠올린다. 즉, 돌아가신 부처님을 열반에 들었다고 생각하는 경우가 많다. 둘 다 맞는 말이다. 왜냐하면 열반에는 두 종류가 있기 때문이다. 유여열반(有餘涅槃)과 무여열반.

유여열반은 한자 표기 그대로 무언가 남은 것이 있는 경지의 열반이고, 무여열반은 하나도 남아 있는 것이 없는 경지의 열반이다. 무엇이 남아 있는가? 생명이 남아 있으니, 업(業)과 습(習)이 남게 된다. 생명이 있는 동안에는 육신이 있으니, 생로병사 중 노병사가 아직 남아 있는 상태지만, 정신적으로는 탐(貪)·진(瞋)·치(癡)를 완전히 소멸시켰기에 유여열반이라고 한다. 열반을 얻었어도 삶은 계속된다는 말이다. 이때의 삶은 지난날 지은 업습(業習)이 과보로 돌아온다 해도 중생처럼 고통스러운 삶을 살지 않는다. 고통과 번뇌에서 벗어나 평온하고 자비로운 삶을 영위할 수 있다.

한편, 무여열반은 육신의 생명이 끝나 사라진 상태이니, 남은 것이 없게 되는 것이다. 정신적으로도 육체적으로도 완전한 열반을 얻게 되는 것, 생사가 끊어져 다시는 윤회(輪廻)를 반복하지 않는 것, 이것을 무여열반 혹은 반열반(般涅槃)이라고 한다. 구류중생을 다 열반에 들게 하는 것이 보살이 할 일인 셈이다.

> **열반의 종류**
> - **유여열반**
>   깨달음을 얻어 일체의 번뇌는 끊었으나, 과거의 업보로 인해 육신이 소멸하지 않는 한 이런저런 과보를 받아야 하는 상태
> - **무여열반**
>   번뇌를 끊고 분별을 떠났을 뿐만 아니라, 완전한 고요, 적정에 든 경지

그런데 여기에는 조건과 방법이 있다. 보살은 중생을 제도하였으나, 제도한 중생이 있어서는 안 된다. 내가 누군가를 구제했다는 생각이 없어야 한다. 중생 또한 마찬가지다. 제도를 받았다는 마음이 없다. 이는 모두가 상(相)이 없기 때문이다. 보살에게는 아상(我相), 인상(人相), 중생상(衆生相), 수자상(壽者相)이 없어야 한다. 이것이 있으면 보살이 아니기 때문이다. 그럼, 상에 대해서는 다음 장에서!

내가 생각지 못한
나의 오류들, 상(相)

『금강경』의 핵심 키워드가 바로 이것이다. 상(相)!
아상, 인상, 중생상, 수자상!

보살은 상을 내지 말라는데 그 '상(相)'이란 뭘까? 상을 찾아보면, 범어본에는 산냐(saṁjñā, 산즈냐, 생각)와 락샤나(lakṣaṇa, 모양), 니밋따(nimitta, 가늠)의 세 단어로 설명이 나뉜다.

우선 '상'은 '서로 상(相)' 자를 쓰지만, 여기서는 모양을 그리는 의미로 심리 작용이 더 강한 표현으로 쓰였다. 대상을 받아들여 개념을 만들어내고, 이름 붙이는 작용이 바로 '상'을 만드는 과정이다.

『금강경』도 뒷부분에서는 모양에 관한 특별한 상이나 형상을 가늠케 하는 모양새에 대한 내용도 나온다. 하지만, 주로 관념이나 생각, 선입견, 편견 등 다양한 종류로 자신을 드러내는 생각으로 쓰였다.

예를 들어, 우리가 꽃 한 송이를 보고 '아, 꽃을 보니 영희 생각이 나네'라고 했을 때, 보통은 '생각 상(想)' 자를 쓰는데, 여기에서는 생각을 표현할 때도 모양의 뜻을 가진 '서로 상(相)' 자를 쓴다는 말이다. '이 꽃은 아름답네', '이 꽃은 시들었네', '이 꽃은 방울처럼 생겼네', '이 꽃은 구부러졌네' 등등 꽃 한 송이를 보고도 우리는 많은 생각을 떠올릴 수 있다. 온갖 생각을 다 '상(相, 모양)'으로 표현했다는 것이다. 다시 말해 이 한자는 모양을 이야기할 때도 쓰이고, 생각을 의미할 때도 사용된다는 말이다.

그럼, 왜 그럴까?

이렇게 모양을 나타내는 상(相) 자를 쓴 데에는 합당한 이유가 있다. **생각이라고 하는 것이 결국엔 어떤 모양을 그려내는 것이기에 그러하다. 생각으로서의 '상'은 일생 헤아릴 수 없이 많은 것을 만들어낸다.** 우리는 하루에도 수만 개의 생각을 만들어낼 수 있다. 생각해 보라. 아주 짧은 시간 안에 우리는 어린 시절로 돌아갈 수도 있고, 돌아가신 어머니를 만날 수도 있으며, 늙어버린 내 모습을 그려내기도 한다. 누구를 좋아하고 싫어하는 감정에 의해 만들어지는 많은 생각들도 마찬가지다. 그것들은 그대로 사라지지 않고, 우리 삶에 어떤 식으로든 걸림돌이라는 흔적을 남긴다. 한낱 사소한 생각일지라도 눈에 든 티끌이 모든 풍경을 흐려버리듯이 말이다.

좋고 싫음에 대한 분별심, 깨끗함과 더러움에 대한 분별심, 옳고 그름에 대한 분별심 같은 것들이 모두 나의 생각이 만들어낸 현상세계의 장애물이다. 존재하는 모든 것이 다 나로 인해 일어나고 만들어진다. 모두가 다 나의 무지한 '상'이 만들어내는 것들이며, 내 인생을 흔들어놓는 원인이 된다. 내가 생각지 못한 나의 오류들이 모두 '상'에서 비롯된다. 그러니 상(相)을 없애야만 깨달음이 보일 것이다.

첫째, 아상(我相, Ātman)은 자신에 대한 고정된 견해를 드러낸다. 쉽게 말해, '나는 이런 사람이야'라고 내세우는 자아에 대한 고정관념을 '아상'이라고 한다. '나는 이렇게 생겼네? 아, 이렇게 생긴 사람이 나지, 이런 성격도 나야. 이런 성향도 나고, 이런 모습도 나야. 여기서 법문하는 것도 나야. 이게 나지 뭐야.' 이렇게 생각하는 것이 '아상'이다. 자기중심적인 생각이 바로 '아상'이고, 부처님은 보살에게는 이러한 상이 없어야 한다고 말씀하셨다.

거슬러 올라가 보면, 이는 고대 인도 사상의 영향이 크다. 세상을 좌지우지할 수 있는 절대적인 힘을 가진 신(브라흐만)이 세상에 존재하는 모든 것들을 자기가 만들었다는 표시다. 또한 그들을 자기 마음대로 조절할 수 있도록 신성의 일부분을 넣어주었다고 한다. 그러니까 인간에게도 있고, 동물에게도 있고, 저기 지나가는 개에게도 있고, 고양이에게도 있고, 저 나무에도 있고, 바위에도 있고, 산에도 있고, 들에도 있고, 눈에 보이는 모든 것 안에 신의 표식이 들어 있다고 믿었다. 신이 남겨준 특별한 씨앗이 내 안에 존재한다고 믿었다. 즉 인간 내면의 궁극적 원인을 신이 부여한 존재성으로 해석한 것이다. 그들은 그것을 '아트만(Ātman)'이라고 불렀다.

그러한 생각은 자신을 특별한 존재로 여기는 데 익숙해 있던 인간들에게 금세 받아들여졌다. 그토록 자신의 인식에 갇혀 끊임없이 집착하는 것을 보면, 이것은 중생의 숙명인 것만 같다. 아트만을 부정하는 것이 곧, 자아를 부정하는 것처럼 생각하게 되는 중생의 업보랄까? 그렇기에 '아상'을 거부하라는 것은 자신을 부정하는 일이 되어버리기 때문에, 훨씬 놓아버리기 어려운 일이다.

아무튼 '나'라고 하는 생각에 빠져 살아간다면, 그는 아직 갈 길이 먼 중생이다. 부처님은 내 몸, 내 지위, 내 능력을 두고 '나'라고 생각하는 것을 철저히 부정하셨다. 이 아트만에 대한 부처님의 답변이 바로 '무아(無我)'다. 부처님께서 '무아'를 핵심 교설로 삼으신 것도 그만큼 중생에게는 고정관념이 꽉 들어차 있기 때문이 아닐까 싶다.

또 재밌는 건 실제로 내가 생각하는 '나'와, 남이 생각하는 '나'는 다른 느낌일 때도 많다는 것이다. 관념 속에 존재하는 '나'와 실제 '나'는 다른 느낌일 가능성이 크다. 언젠가 도반스님들과 모여 한창 유행이던 MBTI를 검사해 봤다. 각자가 스스로 생각하는 자신의 MBTI를 검사하고, 나중에 서로 교차해서 남이 생각하는 '나'에 대해 확인해 봤다. 그랬더니 놀랍게도 내가 생각하는 나와, 도반이 생각하는 내가 다른 유형으로 나왔다. 그때 혼자 속으로 생각했다. '나는 이중적인 인간일까?'

'아상'을 내려놓고 중생을 먼저 생각하라는 것이 부처님의 가르침이다. '나'라고 하는 육체와 정신에 갇혀서는 중생을 제도할 수 없다. 중생 구제란 자신에 대한 인식, 자신이 만들어낸 인식 모두를 내려놓아야만 이루어지는 일이기 때문이다. 부처님은 이렇게 보살이 버려야 할 것에 대한 설명을 아상에서 끝내지 않으셨다.

둘째, 인상(人相, Pudgala)이다. 인상은 인간에 대한 관념으로, 나와 구분되는 상대가 있다고 하는 생각이다. 즉, '나는 나고, 너는 너야'라는 이분법적 사고방식이 만들어낸 생각이다. 우리 모두 각자 다른 개체라고 인식하는 것이다. '아상'이 나 자신에 국한되어 있었다면, '인상'은 인간 중심적으로 생각하는 것이다.

'인간이라고 하는 존재는 굉장히 우월하다', '인간이라고 하는 것은 저 동물보다도 우월하고, 또 저 무생물보다도 우월하다'. 만물 가운데 가장 뛰어나다는 인간에 대한 우월감도 이 '인상'에서 생겼다. 인간이 지구상에서 '만물의 영장'이라고 할 만큼 최고의 지위를 가지고 있는 것은 사실이다. 하지만 그 인간이 최고의 지위가 되기까지 거쳐온 그 과정을 다른 과학이나 생물학을 통해 살펴보면 인간 중심적인 사고가 가득해서 불편할 때가 있을 정도다. 지구에는 인간만 사는 게 아닌데 말이다.

아무튼 그렇게 인간 중심적 사고방식을 토대로 하는 생각이 '인상'이긴 하지만, 원래는 윤회하는 인격의 주체 '뿌드갈라(pudgala)'가 존재한다고 믿는 것에서 비롯되었다. 자, 이 이야기가 무엇인지 옛날로 돌아가 보자. 『금강경』이 성립되기 이전에 불교계는 꽤 혼란스러웠다. 부처님의 교설을 해석하는 과정에서 서로 다른 견해도 많이 나왔고, 자신의 해석이 옳다고 주장하며 부파 간에 거칠게 대립했기 때문이다. 그 대표적인 생각이 '윤회(輪廻)'에 대한 것이었다. 원래 불교는 무상(無常), 무아(無我)를 이야기하는 종교인데, 당시 사람들은 무언가에 의해서 윤회한다고 믿었기 때문이다. 물론 부처님도 윤회를 부정하진 않으셨다. 그러나 그것이 불교의 독자적인 교설이라고 할 수는 없다. 윤회설이라고 하는 것은 기본적으로는 인도 고대 사상에서 영향을 많이 받았기 때문이다. 그러니까 불교에서는 무아와 무상을 이야기하면서도 윤회를 받아들이게 된 것이다. 그러다가 부파불교 시대에 와서 윤회할 때는 무언가 주체가 있어서 윤회가 일어나는 것이라고 생각하기 시작했다. 즉 '윤회의 주체가 있지 않을까' 라는 생각이 승가를 혼란스럽게 만든 것이다. 그것을 '뿌드갈라'라고 한다. 인간이 윤회하는 데 있어서의 인격 주체, 그것이 뿌드갈라다. 현장 스님의 경우에는 이 단어를 '보특가라(補特伽羅)'라고 번역했다. 그러니까 '뿌드갈라'라는 윤회하는 주체가 있다는 생각을 내려놓으라고 하는 것이 인상을 없애라고 할 때의 본래 개념이었다. 그런데 대승불교에서는 점차 그것까지는 설명을 하지 않고, 대체로 '인간의 우월감, 인간이라고 하는 그 특정한 인간 중심적인 사고에서 벗어나라', 아상과 마찬가지로 '나'라고 하는 생각, 또 '인간'이라고 하는 생각, 이런 것들을 내려놓아야 한다는 것으로서 설명하고 있다. 그나저나, 뿌드갈라를 이야기하다 보니 나는 전생에 뭐였을까 궁금해진다.

셋째, 중생상(衆生想, Sattva)이다. '사트바(sattva)'는 중생을 의미하는 단어다. 깨닫지 못한 이들은 다 중생이다. 더욱이 모든 존재 가운데에는 깨닫지 못한 이들이 훨씬 많다. 그러니까, 중생상은 생명이 있는 모든 존재를 나타내는 단어이며, '나는 중생이다'라는 구분에서 비롯되었다.

말하자면 모든 생명 중에서 깨닫지 못한 자들이 가지는 본능적 집착과 견해를 '중생상'이라고 한다. 부처와 구별하여 '나는 중생이니까'라는 생각도 이 '중생상'을 바탕으로 한다. 따라서 자기 비하의 견해를 없애기 위해 강조된 측면이 있다. '나는 중생이니까, 내가 부처님처럼 어떻게 하겠어', '아우, 난 어쩔 수 없는 중생이야', '중생이 그렇지, 뭐' 이러한 생각, 말하자면 약간의 열등감이다. 그런 열등의식이 있는 사람들에게 '난 못해', '내가 수행한다고 깨닫겠어?' '내가 경전 독송한다고 깨닫겠어?' '내가 하루 종일 앉아서 좌선한다고 깨닫겠어?' 이러한 열등의식을 내려놓으라고 하는 것이 중생상을 내려놓으라고 하는 의미다. '내가 이 책을 읽는다고 『금강경』을 이해하겠어?' 하는 생각 말이다.

그리고 이 세 종류는 넷째, 생명에 연연하는 수자상(壽者相, Jiva)을 만들어낸다. 수자상이라는 단어가 생소할 수 있겠지만, '목숨 수(壽)' 자를 보면 대략 감이 잡힐 것이다. 원래 수자상의 지바(jiva)는 '영혼, 목숨, 생명'의 뜻을 가진다. 생사를 초월한 순수한 영혼이 있다고 믿은 것이다. 영원불멸의 생명이 있다고 말이다. 단순히 목숨에 대해 집착하는 것이 수자상이다.

생각해 보라. 목숨에 집착하다 보면 몸을 챙기며 이것저것 좋다는 것은 다 찾아 먹고 행하게 된다. '영생하고 싶어', '오래 살고 싶어'라는 생각이 점점 확고해지면 자연의 섭리를 거스르는 행위가 만연하기 십상이다. 여기에서 문제가 생긴다. 사람들은 영원한 뭔가가 있다고 생각하며, 생사를 초월한 무언가를 갈구하게 된다. 그러나 불교에서는 이 세상의 모든 것은 인연 따라 일시적으로 생겼다가 사라지는 허깨비에 불과하니, 그런 영원한 것이 있다는 생각은 잘못되었다고 보았다. 목숨에 집착하여 오래 살려는 욕심도 이 '수자상'을 근거로 한다.

지바(jiva)에 관한 재밌는 이야기가 있다. 인도 사람들은 '에취' 하고 재채기를 하면 '지바, 지바, 지바'라고 말한다. 말하자면 목숨 수(壽)를 이야기하는 것이다. '생명이시여, 생명이시여, 생명이시여' 사람들이 다 그렇게 이야기를 해줘야 그 사람이 오래 산다고 믿었다.

그러던 어느 날, 부처님께서 설법을 하시다 갑자기 재채기가 나왔다. 부처님도 인간이기에 흔히 있을 수 있는 일이다. 그랬더니 거기 모인 대중들이 전부 다 부처님께 '지바, 지바, 지바'라고 걱정의 함성을 외치는 것이었다. 너무 시끄러웠던 상황이라 부처님께서는 어리석은 짓이니 다시는 그렇게 외치지 말라고 법으로 정해 버리셨다. 와우, 엄격하기도 하시지.

"내가 재채기를 해도 지바라고 말하지 말라. 미신이다. 승가의 그 어떤 출가자도 밖에 나가 재채기를 했다고 해서 지바라고 말하지 말라."

그때부터 스님들은 '지바'라는 단어를 입에 올리지 못했다. 그런데 어느 날 스님들이 공양청(供養請)을 받아서 신도 집에 갔는데, 공양청을 한 장자(長者)가 설법을 듣던 중에 재채기를 하고 말았다. 재채기란 게 참아지는 게 아니니까. 거기 있는 사람들이 그 소리를 듣고 다 '지바, 지바' 하면서 오래 살라고 축원을 하는데, 스님들은 아무 말도 하지 않고 묵묵히 공양을 들었다. 공양을 올린 장자는 은근히 화가 났다. '내가 공양청까지 해서 이렇게 대접했는데, 어떻게 지바라고 축원 한마디도 안 할 수 있단 말인가?' 스님들은 승가의 규율로 정해진 것이니 입도 뻥긋 못했는데, 그것으로 신도와 문제가 생기게 되니 당혹스러운 상황으로 번지게 된 것이다.

스님들은 부처님께 쪼르르 달려가서 있었던 일을 말씀드렸다. "부처님, 저희는 부처님께서 정하신 대로 '지바'라는 말을 안 했는데 그랬더니 사람들이 너무 실망하고 싫어합니다."라고 했다. 부처님께서 그 이야기를 듣고서 용단을 내리셨다. "알았다. 중생이 원하면 해야지. 앞으로는 지바라는 단어의 사용을 허용한다."

허, 참! 그래서 다시 원래대로 '지바'라고 하는 단어를 말할 수 있게 되었다는 이야기. 하지만 부처님은 "내가 설법하다가 그런 일이 있을 때는 말하지 말라."고 하셨다.

아무튼 이 수자상은 '지바'라고 하는 이 목숨, 생명에 대한 집착이다. 거듭 말하지만, 불교에서는 이 세상의 모든 것은 인연에 따라서 일시적으로 생겼다가 사라지는 허깨비에 지나지 않다고 말한다. 영원한 것은 없다고, 영원한 생명도 없고, 윤회하는 특별한 무언가도 없고, 나라고 하는 존재 안에 뭔가가 있는 것도 아니라고 말한다. 모든 것들은 다 무상하고 변화무쌍한 것이다. 하물며 목숨에 집착해서 오래 살려고 하는 마음을 내어서 무엇 하겠는가. 그것은 그냥 헛된 욕심일 뿐이다.

사상(四相)
1. **아상** – 자신에 대한 고정된 견해
2. **인상** – 나와 구분되는 상대가 있다고 하는 생각
3. **중생상** – 깨닫지 못한 자들이 가지는 본능적 집착과 견해
4. **수자상** – 영원불멸한 생명이 있다는 생각

『금강경』에서는 오로지 이 한 단어 '상'을 기억하면 된다고 해도 과언이 아니다. '무상(無相)'의 상태로 살아가라는 말씀을 가장 강조하

셨기 때문이다.

앞에서도 말했듯이, 우리는 아주 짧은 시간에도 수많은 망상을 한다. 미래를 꿈꾸기도 하고, 과거를 기억해 내기도 하며, 아주 먼 나라를 다녀오기도 한다. 우리의 의식이 가진 활동 영역은 정말 어마어마하다. 짧은 시간 안에도 수십 년, 수백 년을 오가며, 수천 킬로미터가 떨어진 곳도 수시로 다녀올 수 있으니 말이다.

그런데 그것을 일생 동안 매일 반복한다. 그뿐만 아니라, 생각이 또 다른 생각을 불러일으킨다. 두려움이나 걱정, 기대 등등의 생각이 시비분별을 만들어내며, 삶을 폭풍처럼 휩쓸어버릴 원인을 제공하기도 한다. 이는 모든 것들이 실재하지 않기에 가능한 일이다. 저 영화나 드라마처럼 허망하게 인생이 전개되기 때문이다.

모든 현상이 다 허상인 것을 알면 삶이 조금은 수월해진다. 뭔가를 원하고 추구하는 행동이 줄어들 수 있고, 남으로부터 받은 상처도 쌓아놓지 않을 수 있다. 내가 만들어낸 상은, 험한 세상으로 나가는 문을 만들어내기도 하고, 반대로 그 문을 없애버릴 수도 있기에 그렇다. 어느 쪽이든 나 자신의 선택에 달렸다.

좋고 싫음에 대한 분별심,
깨끗함과 더러움에 대한 분별심,
옳고 그름에 대한 분별심 같은 것들이 모두
나의 생각이 만들어낸 현상세계의 장애물이다.
존재하는 모든 것이 다 나로 인해 일어나고 만들어진다.

모두가 다 나의 무지한 '상'이 만들어내는 것들이며,
내 인생을 흔들어놓는 원인이 된다.
내가 생각지 못한 나의 오류들이 모두
'상'에서 비롯된다.
그러니 상(相)을 없애야만
깨달음이 보일 것이다.

2

다시 시작하려면

돌려받지 못할 마음이라도
주어야지

◎

제4. 묘행무주분

妙行無住分 第四
묘 행 무 주 분 제 사

復次須菩提 菩薩 於法 應無所住 行於布施
부 차 수 보 리 보 살 어 법 응 무 소 주 행 어 보 시
所謂不住色布施 不住聲香味觸法布施 須菩提 菩薩
소 위 부 주 색 보 시 부 주 성 향 미 촉 법 보 시 수 보 리 보 살
應如是布施 不住於相 何以故 若菩薩 不住相布施
응 여 시 보 시 부 주 어 상 하 이 고 약 보 살 부 주 상 보 시
其福德 不可思量 須菩提 於意云何 東方虛空 可思量不
기 복 덕 불 가 사 량 수 보 리 어 의 운 하 동 방 허 공 가 사 량 부

不也 世尊 須菩提 南西北方四維上下虛空 可思量不
불야 세존 수보리 남서북방사유상하허공 가사량부

不也 世尊 須菩提 菩薩 無住相布施福德 亦復如是
불야 세존 수보리 보살 무주상보시복덕 역부여시

不可思量 須菩提 菩薩 但應如所教住
불가사량 수보리 보살 단응여소교주

제4. 미묘한 행에는 머묾이 없다

"수보리야, 다시 말하건대, 보살은 어떤 것에도 머물지 말고 보시해야 한다. 이른바 색(色)에도 머물지 말고 보시해야 할 것이며, 성(聲)·향(香)·미(味)·촉(觸)·법(法)에도 머물지 말고 보시해야 한다.
수보리야, 보살은 마땅히 이와 같이 보시하여 상(相)에 머물지 말아야 한다. 왜냐하면, 만일 보살이 상에 머물지 않고 보시한다면, 그 복덕은 헤아릴 수 없을 것이다. 수보리야, 그대는 어떻게 생각하는가? 동방의 허공을 헤아릴 수 있겠는가?"

"못합니다. 세존이시여."

"수보리야, 남·서·북방과 네 사이 방향과 위아래에 있는 허공을 헤아릴 수 있겠는가?"

"못합니다. 세존이시여."

"수보리야, 보살이 상에 머물지 않고 보시하는 공덕 또한 그와 같아서 헤아릴 수가 없다. 수보리야, 보살은 반드시 가르친 바와 같이 머물러야 한다."

●

보살의 수행은 나눔과 베풂에 있다. 마음을 나누고, 진리를 나누고, 물건을 나누고, 뭐든 나누고 베풀어야 한다. 그것도 그냥 하는 것이지, 거기에 어떠한 의미도 부여하지 않는다. 예를 들어, 누군가에게 보시할 때 내가 무엇을 주었는지, 누구에게 주었는지 등을 생각하지 말라는 것이다. 내가 준 것에 대해 어떠한 보답도 바라지 말아야 한다. 나중에 뭔가 돌아올 것을 기대한다면, 그는 보살행의 핵심을 놓치는 것이다. 나눔은 거래가 아니다. 그러므로 어떠한 상도 내지 않고 온전한 자비심으로 베풀 수 있는 사람이 진정한 보살이다.

깨달음을 향해 가며 중생을 제도하는 보살에게는 자비심이 흘러넘친다. 보살의 자비는 마르지 않는 샘물과 같아서 끝이 없다. 하물며 남을 위해서 베풀었다고 하는 생각이 남아 있는 보시는 있을 수 없다. 진정한 보살의 보시라고 볼 수 없는 것이다. 이것이 바로 없을 무(無), 머물 주(住), 모양 상(相)! 무주상보시(無住相布施)다. 상에 머무름이 없는 보시, 맑은 보시! 아무런 생각도, 관념도, 견해도, 선입견도, 대가도 바라지 않는 보시가 바로 무주상보시다.

'무주상보시'를 구체적으로 설명해 주기 위해 부처님은 우리가 가진 육체의 '육근(六根)'을 예로 들었다. 눈, 귀, 코, 혀, 몸, 의식작용을 불교에서는 '육근'이라고 한다. 우리는 '안(眼)·이(耳)·비(鼻)·설(舌)·신(身)·의(意)'의 육근이 있어서 기쁨과 슬픔 등의 감정을 느끼며 살아간다. 육근이 여러 대상과 결합하여 다양한 감정을 만들어내는 것이다.

이러한 육근은 한계가 있긴 하지만, 그렇다고 해서 육체 안에 갇혀 있다고 단언할 일도 아니다. 육근의 작용 여부에 따라 상상 이상으로 팽창할 수도 있기 때문이다. 어쨌든 중요한 건 육근이 작동하려면 그에 상응하는 외부의 대상이 있어야 한다는 것이다. 눈으로 볼 수 있는 형상에서부터 귀로 듣는 소리, 코로 맡을 수 있는 냄새, 혀로 느끼는 맛, 피부로 느껴지는 감촉, 그리고 의식작용의 대상이 될 수 있는 모든 사물과 어떤 생각, 관념이나 개념 등이 필요하다. 이러한 대상을 불교 용어로 '색(色)·성(聲)·향(香)·미(味)·촉(觸)·법(法)'의 '육경(六境)'이라고 한다.

육경으로부터 들어온 것을 받아들일 수 있는 육근이 있기 때문에, 우리는 신체 활동을 하고 살아 있음을 느낀다. 바깥에서 어떤 일이 벌어진다고 해도 정작 나의 감각기관인 육근이 육경을 제대로 받아들여 작동하지 못한다면 감흥을 느낄 수 없다. 따사로운 햇살이 법당에 가득 들어온들, 보지 못하고 느끼지 못한다면 무슨 소용이 있겠는가. 아무리 훌륭한 가르침이라도 받아들이지 못한다면 의미가 없다. 이렇듯 우리가 보고 느끼는 모든 것들이 육근과 육경의 만남을 통해 들어오고 나가기 때문이다.

때로는 이러한 육근이 작동하면서, 자신도 모르는 사이 보고 듣고 느끼면서 착각을 불러일으키기도 한다. 자신만의 얕디얕은 앎의 기준이 만들어지는 것이다. 여기저기서 걸러내지 못하고 수집된 정보와 지식을 바탕으로 이건 이렇고, 저건 저렇다며 나쁜 선입견이 생겨버리는 것과 같다.

육근(六根)	+	육경(六境)	=	육식(六識)
안근(눈)	+	색경(형상)	=	안식
이근(귀)	+	성경(소리)	=	이식
비근(코)	+	향경(향)	=	비식
설근(혀)	+	미경(맛)	=	설식
신근(몸)	+	촉경(감촉)	=	신식
의근(생각작용)	+	법경(생각내용)	=	의식

부처님은 대상에 따라 마음을 일으키지 말고, 보시해야 한다고 강조

하신다. **보시함에 앞서서 대상에 대한 어떤 마음도 일으켜선 안 된다는 것이 전제조건이다.** 상대방에 따라 우리가 만들어내는 생각이 너무나도 강하게 우리를 꽁꽁 묶고 있기 때문인지도 모른다. 그러니 내가 보시할 대상의 모습, 그의 목소리, 그의 냄새, 그의 느낌, 그에 대한 선입견 등에 좌우되지 말고, 흔들림 없이 행하라는 말씀이다. 어떤 형태에도 마음을 머물게 하지 말고 집착하는 마음 없이 살아가라고.

기부를 권하는 사람이 예쁘다고 해서 더 많이 기부할까? 아니면 못생긴 사람이 권한다고 해서 기부를 안 할까? 뭐, 물론 그럴 수 있을지도 모른다. 하지만 그렇게 외적 형태, 즉 생김새에만 치우친다면 나는 보살이 아니다. 그럼 다시 묻겠다. 단정한 스님이 좋은 음성으로 염불하고 난 뒤, 시주를 권하면 흔쾌히 승낙할까? 아니면 서울역에서 열차 시간에 맞춰 급히 길을 재촉하다 만난 사람이, 역겨운 냄새를 풍기며 거친 음성으로 앞길을 막고 구걸한다면 흔쾌히 지갑을 열까? 이 또한 전자일 가능성이 높다. 그러나 그의 음성이나 향기에 따라 보시행이 달라지면 나는 보살이 아니다. 어떤 상황에서도 자신이 가진 생각을 개입시키지 않아야 진정한 보살이 된다. 보살은 깨달음의 시각에 근거해서 살아가기 때문이다.

이러한 방식으로 형상, 소리, 향기, 맛, 감촉, 법에 차별함이 없이 보시할 수 있어야 참된 보살이다. 그뿐만 아니라, 보시하는 사람, 보시하는 대상, 보시하는 물건에 있어 세 가지가 다 청정해야 머물지 않는 보시를 할 수 있게 된다. 이것을 '삼륜청정(三輪淸淨)'이라고 한다. 보시하는 사람은 생색내는 마음이 없어야 하고, 보시받는 사람도 도움을 받았다는 생각에 머물지 말아야 한다. 또한 보시하는 물건이나 돈도 바른 생활을 토대로 얻게 된 것이라야 맑은 보시라고 할 수 있다. 그리고 그렇게 보시할 수만 있다면, 허공을 덮을 만한 공덕을 쌓게 된다는 것이 부처님의 말씀이다.

이어지는 내용에서, 부처님은 수보리 존자에게 허공을 헤아릴 수 있는지 물으신다. 생각해 보라. 그 누가 허공을 헤아릴 수 있겠는가? 도통한 도인도 모를 것이다. 그만큼 무주상보시의 공덕이 크다는 말씀이다. 어떤 상황에서든 자신의 상을 개입시키지 않고 보시할 수만 있다면, 그는 이전에 미처 몰랐던 새로운 영역의 문을 활짝 열 수 있을 것이다.

문득 원효 대사의 이야기가 생각난다. 원효 대사는 신라 저잣거리에서 큰소리로 "누가 자루 없는 도끼를 빌려주겠는가? 내가 하늘을 떠받칠 기둥을 깎으리."라는 노래를 부르며 다녔다고 한다. 이 노래를 들은 태종 무열왕이 남편 잃고 혼자된 요석공주에게 원효 대사를 보내 인연을 맺게 하였다는 이야기다. 다시 읊어도 멋지다.

"허공을 바칠 기둥을 내가 깎을 테니, 다만 그것을 깎을 도끼를 나에게 다오."

당신의
진실한 모습을 봅니다

◎

제5. 여리실견분

如理實見分 第五
여리실견분 제오

須菩提 於意云何 可以身相 見如來不 不也 世尊
수보리 어의운하 가이신상 견여래부 불야 세존
不可以身相 得見如來 何以故 如來所說身相 卽非身相
불가이신상 득견여래 하이고 여래소설신상 즉비신상
佛告須菩提
불고수보리
凡所有相 皆是虛妄
범소유상 개시허망

若見諸相非相 卽見如來
약 견 제 상 비 상   즉 견 여 래

제5. 이치를 사실대로 보다

"수보리야, 그대는 어떻게 생각하는가. 신체의 특징[身相]으로 여래를 볼 수 있겠는가?"
"못합니다. 세존이시여, 신체의 특징으로는 여래를 볼 수 없습니다. 왜냐하면 여래께서 신체의 특징이라고 말씀하신 것은 신체의 특징이 아니기 때문입니다."
부처님께서 수보리에게 말씀하셨다.

"무릇 형상이 있는 것은
모두 허망하나니
만약 모든 형상을 형상이 아닌 것으로 보면
곧 여래를 보리라."

부처님께서 어느 날, 시자인 아난 존자에게 왜 출가했느냐고 물으셨다. 아난 존자가 대답하기를, 자신은 부처님의 모습이 너무나도 근사하고 멋있어서 출가했다고 말씀드렸다. 그러자 부처님은 당신의 형상에 사로잡혀 출가한 아난 존자가 여전히 그런 상태에 머물러 있어서는 안 된다고 걱정하셨다.

그러나 모두가 알고 있듯이, 부처님은 나무처럼 균형 잡힌 몸매와 황금색 피부를 지닌 매력적인 인물이었다. 부처님이 지니셨다는 서른두 가지 신체적 특징인 삼십이상을 굳이 거론하지 않더라도, 곧고 단정하고 아름다운 몸을 가졌다는 것은 다 아는 사실이다. 게다가 말씀을 잘하시는 것은 물론이고, 지적이고 낭랑하고 공명이 있는 근사한 목소리였다고 한다. 이런 멋진 분을 만났다면, 어찌 따르지 않을 수 있겠는가.

요즘 같은 세상에도 출가를 결심할 때, 어느 스님의 멋진 모습이 출가로 이어지는 결정적 이유가 되는 경우가 종종 있다고 들었다. "스님은 너무 멋있어요."라는 말을, 부끄럽지만 나도 가끔 듣는다. 그럴 때 물론 기분이야 좋지만, 그래도 도대체 뭘 보고 그렇게 말씀하시는지 되묻고 싶을 때도 있다. 풀 한 포기 기를 수 없는 민머리가 그리 좋아 보이진 않을 텐데 말이다.

그건 그렇고, 이 부분은 여래의 모습에 대해 상을 갖지 말라고 일러주는 곳이다. 그리하여 여래의 진실한 모습을 보게 만드는 게 목적이다. 법당에 거룩하게 앉아 반짝이는 부처님을 보면, 부처님의 육신 또한 굉장히 특별한 것처럼 보인다. 물론 특별하긴 하다. 금으로 만든 불상이니까.

하지만, 우리가 보는 불상은 엄밀하게 말해 후대 사람들이 존경심을 담아 상상으로 만들어낸 조각품이다. 부처님은 어머니의 오른쪽 옆구리에서 태어나 땅에 떨어지면서 일곱 걸음을 걸었고, 손을 들어 말했다고 한다.

하늘 위 하늘 아래
오직 나 홀로 존귀하네.
삼계가 다 괴로워하니,
내 마땅히 그들을 편안케 하리라.

天上天下(천상천하)
唯我爲尊(유아위존)
三界皆苦(삼계개고)
吾當安之(오당안지)

『수행본기경(修行本起經)』「보살강신품(菩薩降身品)」에 나오는 제2 탄생게다. 사실 이렇게 외치셨다는 이야기는 부처님을 거룩하게 만들고자 하는 의도와 함께 상징적인 의미를 담은 설화다. 알다시피, 부처님은 신이 아니다. 옛날에 태어나 수행하고 깨달았을 뿐, 육신은 우리와 똑같은 인간이다. 태어나 자라고 늙고 병들어 죽어간 보통의 인간이다. 다만, 보편적이지 않은 것은 왕위와 가정을 버리고 출가했다는 점, 스승을 찾아다니며 고행하고 자신을 찾아가는 과정이 남달랐을 뿐이다. 그에게는 남다른 집념과 수행력이 있었고, 그조차도 내려놓았을 때 그는 비로소 깨달아 부처를 이루었다.

그런데 제자들이나 후대인들은 그대로 두어도 됐을 부처님을 지나치게 과장했다. 깨달음의 장에서 신통을 얻었다는 이야기는 그럴 수 있다고 치자. 그런데 부처님이 모든 중생의 시름을 잊게 해준다는 것에 대해 확신을 주기 위해 과장된 표현으로 신통 부리는 부처님의 이미지를 만들어냈던 것도 사실이다. 신통력이 아니더라도 부처님의 가르침만으로도 우리는 얼마든지 고통에서 벗어날 수 있는데 말이다.

아무튼, 생전에 부처님은 당신에게 집착하여 특별하게 받드는 것을 모두 금하셨다. 병들어 죽어가는 제자 박깔리가 마지막으로 한 번 뵙기를 청할 때도 이렇게 말씀하셨다.

"박깔리여, 그만두어라. 나의 부서져 가는 몸을 보아서 무엇 하느냐? 박깔리여, 진리를 보는 자 나를 보고, 나를 보는 자 진리를 본다. 박깔리여, 참으로 진리를 보면 나를 보고, 나를 보면 진리를 본다."

(「박깔리의 경(Vakkali sutta)」, 『상윳따 니까야』 22, 전재성 역)

부처님의 진실한 모습은 육신에 있지 않다는 것이다. 자, 그럼 여래를 보려면 어떻게 해야 할까?

무릇 형상이 있는 것은
모두 허망하나니
만약 모든 형상을 형상이 아닌 것으로 보면
곧 여래를 보리라.

凡所有相(범소유상)
皆是虛妄(개시허망)
若見諸相非相(약견제상비상)
卽見如來(즉견여래)

매우 간단하다. 상(相) 없이 보면 된다.

이 세상 만물은 쉼 없이 변화하므로 무상하다. 형상이 있는 모든 것은 다 허망한 것이다. 그 사실을 부처님께도 적용해서 바라보라는 이야기다. 삼십이상을 갖춘 부처님이라 할지라도 그 모습은 모두 우리의 인식 작용의 대상일 뿐이다. 부처님을 보고 '훌륭하다, 잘생겼다, 멋지다' 등으로 인식하는 것은 그저 나의 눈이 작용하여 부처님을 보고 일으킨 생각이다. 즉, **부처님도 눈의 대상으로 받아들이면서 일어난 상에 불과한 것이다.**

예를 들어, 모양은 어떤 형태로도 변할 수 있다. 얼음을 만들 때, 틀의 형태가 둥글면 둥근 얼음이 되고, 별 모양이면 별 모양의 얼음이 만들어지는 것과 같다. 또한 이미 만들어진 것들은 제각각의 형상이 끝까지 유지되지 않는다. 누군가 먹거나 사용함에 따라 계속해서 변화한다. 이는 생명이 있는 존재이든 생명이 없는 사물이든 마찬가지다. 시간이 감에 따라 변화하는 것은 모든 것에 평등하게 적용된다. 시간과 공간의 조합이 변화를 일으키는 것이다. 그러니 항상 똑같은 것은 아무것도 없다. 그러한 이유로 모든 상(相)이 상(相)이 아닌 줄 알면 깨달음의 상징적 존재인 여래를 본다고 한 것이다.

다시 말해, 모든 상이 상이 아니라고 하는 것은 모든 것이 연기(緣起)에 의해 만들어지고, 연기에 의해 소멸하는 것이기 때문이다. 끊임없이 변화한다는 것은 곧 무상(無常)의 가르침을 말하지만, 그러한 변화를 만들어내는 것은 연결된 모든 인연이다. 시간과 공간이 작용하여 의존하면서 만들어진 것이 우리 눈앞에 나타난 현상들이라는 말이다.

나는 나와 연관된 모든 사람과 사물과 환경의 영향을 받아 태어났고, 성장했다. 바꾸어 말하면, 남이 곧 나를 만든 것이다. **나를 괴롭히던 사람도 내게 영향을 주었고, 나를 사랑해 준 사람도 내게 영향을 주었다. 선지식(善知識)도 악지식(惡知識)도 모두 지금의 나를 이루는 데, 한몫씩을 거든 것이다.**

마찬가지로 나 또한 남을 이루는 데 크고 작은 영향을 준다. 사물이든 사람이든 상관없이 모두에게. 이렇게 다양하고 많은 이들이 서로 영향을 주고받음으로써 현재의 모습에 변화를 주기 때문에, 딱히 고정된 모양으로서 존재하는 것은 아무것도 없다는 것이다. 따라서 '모든 상[諸相]은 상이 아니다[非相]'라고 단언할 수 있으며, 그러한 줄 알면 여래를 어떻게 보아야 할지도 자연스레 알게 될 것이다.

우리는 대부분 '나'를 찾을 때, 자기의 몸을 가리키거나 떠올린다. 그것은 어렸을 때도, 나이를 한창 먹었을 때도 마찬가지다. 지난날의 추억을 떠올리며 자기 삶이 어땠는지를 말할 때도 이야기 속 주인공이 현존하는 것처럼 느낀다. 그러나 과연 그럴까?

과거, 현재, 미래의 수많은 이미지 중에 어떤 것이 나일지 생각해 보라. 이 가운데, 그 누가 있어 변한 적 없고, 변하지 않을 거라고 확신하는 존재가 있었는가? 그런 사람은 존재하지 않는다. 사물을 본다는 것은 다만 내 몸 밖에서 오는 자극에 대해서 내 몸이 반응한 것일 뿐이다.

우리는 그저 서로에게 대상으로서만 인식하는 기능을 하고, 그를 통해 현상적으로 존재할 뿐임을 잊지 말아야 한다. 세상 모든 것은 무상하다. 또한 무아의 원리로 파악할 수 있다. 그래서 조사스님들께서도 속지 말라고 강조하신 것이다. 자, 그럼 여래를 어떻게 보아야 할지 짐작이 갈 것이다.

보통의 불자들도 그렇지만, 나처럼 출가한 이들은 부처님과 부처님의 가르침을 통해 진리를 찾으려 한다. 그런데, 부처님의 가르침을 통해 진리를 추구하는 것은 맞지만, 부처님 자체를 대상으로 하여 무지(無知)하게 맹신하고 의존하다 보면, 부처님이 원하지 않는 형태의 신앙이 될 게 뻔하다. 부처님의 가르침은 시공을 초월하여 진리의 부처님으로서 우리에게 다가온다. 하지만, 복을 비는 신앙인의 관점으로 부처님을 마치 절대적 존재처럼 받아들여 모시면 그분의 가르침에서 벗어나게 된다. 그렇기에 부처님께서도 형상에 얽매이지 않아야 진정한 부처를 볼 수 있다고 말씀하신 것이다.

사람들은 끊임없이 되묻고 구분하려 든다.
순수하게 받아들이지 못하고,
뭐든 머리로 따지기부터 한다.
시비분별이 항상 따라다닌다.

자신이 쌓은 업이 만들어낸
편협한 생각에 푹 빠져 있고,
정확하지 않은 거짓 정보에 휘청거리며
시시비비하고 분별하게 된다.

이것이 우리가 사는 세상의 모습이다.
심지어 바르다는 생각에 몰입하여
상대방을 재단하고 따지고 비난하기를 일삼는다.
그러니 바른 것에 대한 상도 순수하다고 볼 수는 없다.

말세에도
답은 있다

◎

제6. 정신희유분

正信希有分 第六
정신희유분 제육

須菩提 白佛言 世尊 頗有衆生 得聞如是言說章句
수보리 백불언 세존 파유중생 득문여시언설장구
生實信不 佛告須菩提 莫作是說 如來滅後 後五百歲
생실신부 불고수보리 막작시설 여래멸후 후오백세
有持戒修福者 於此章句 能生信心 以此爲實 當知是人
유지계수복자 어차장구 능생신심 이차위실 당지시인
不於一佛二佛三四五佛 而種善根 已於無量千萬佛所
불어일불이불삼사오불 이종선근 이어무량천만불소

種諸善根 聞是章句 乃至一念 生淨信者 須菩提 如來
종제선근 문시장구 내지일념 생정신자 수보리 여래

悉知悉見 是諸衆生 得如是無量福德 何以故 是諸衆生
실지실견 시제중생 득여시무량복덕 하이고 시제중생

無復我相 人相 衆生相 壽者相 無法相 亦無非法相
무부아상 인상 중생상 수자상 무법상 역무비법상

何以故 是諸衆生 若心取相 卽爲着我人衆生壽者
하이고 시제중생 약심취상 즉위착아인중생수자

若取法相 卽着我人衆生壽者 何以故 若取非法相
약취법상 즉착아인중생수자 하이고 약취비법상

卽着我人衆生壽者 是故 不應取法 不應取非法
즉착아인중생수자 시고 불응취법 불응취비법

以是義故 如來常說 汝等比丘 知我說法 如筏喩者
이시의고 여래상설 여등비구 지아설법 여벌유자

法尙應捨 何況非法
법상응사 하황비법

제6. 바른 믿음은 극히 드물다

수보리가 부처님께 말씀드렸다.
"세존이시여, 혹 어떤 중생이 이러한 말씀을 듣거나 글귀를 보고서
진실로 믿는 마음을 낼 수 있겠습니까?"
부처님께서 말씀하셨다.
"수보리야, 그런 말을 하지 말라. 여래가 열반한 뒤 오백 년 후에도

계(戒)를 받아 지키고 복(福)을 닦는 이가 있을 것이다. 그들은 이러한 글귀에 믿음을 내고, 이러한 이치로서 진실을 삼을 것이다.
이 사람은 한 부처님이나 두 부처님이나 셋·넷·다섯 부처님께만 선근(善根)을 심은 것이 아니라, 이미 한량없는 백천만 부처님께 온갖 선근을 심었다. 그리하여 이 글귀를 보고 한 생각이라도 깨끗한 믿음을 낸 자임을 알아야 한다.
수보리야, 여래는 모든 중생이 한량없는 복덕을 받게 된다는 것을 다 알고 본다. 왜냐하면 이 중생들은 더 이상 아상·인상·중생상·수자상이 없으며, 옳은 법이라는 상[法相]도 없고 그른 법이라는 상[非法相]도 없기 때문이다.
왜냐하면, 중생들이 만일 마음에 어떤 상을 취하면, 이는 곧 아상·인상·중생상·수자상에 집착하는 것이 되기 때문이다.
왜냐하면, 만약 법이라는 상을 취하더라도 바로 아상·인상·중생상·수자상에 집착하게 되는 것이며, 반대로 법이 아닌 상을 취하더라도 아상·인상·중생상·수자상에 집착하게 되는 것이기 때문이다. 그러므로 옳은 법도 취하지 말고, 그른 법도 취하지 말아야 한다.
그러한 까닭에 여래가 항상 말하기를 '너희 비구들은 나의 설법을 뗏목같이 여기라'고 한 것이다. 옳은 법도 버려야 하거늘, 하물며 법 아닌 것을 말할 필요가 있겠는가."

유년 시절, 텔레비전을 보다가 안 좋은 뉴스를 접할 때마다 어른들은 혀를 끌끌 차며 "말세야, 말세."라고 말씀하셨다. 그런데 세월이 흘러 나도 똑같이 그런 말을 할 때가 있다. "말세야, 말세."

지금도 또렷이 기억나는 게 있다. 1999년 말, 2000년을 앞두고 사람들은 지구가 멸망할 거라며 두려워했다. 모든 기관의 전산망이 마비되고, 아무것도 할 수 없는 대혼란의 시기가 올 거라며, 종말론적 사상이 기승을 부렸다. 어떤 사이비 종교에서는 집단자살을 시도하기도 했고, 그로 인해 세상 사람들은 종교에 과도하게 심취하면 매우 위험한 것으로 경계하게 되었다.

'올바른 믿음은 극히 드물다'라는 뜻의 제6.「정신희유분(正信希有分)」은 수보리 존자가 부처님 말씀을 세상 사람들이 믿을 수 있는지 여쭙는 것으로 시작한다. 바로 앞에서 말한 사구게를 가리켜 믿을 수 있는가 하는 질문이다. "무릇 형상이 있는 것은 모두 다 허망하나니, 만약 모든 형상을 형상이 아닌 것으로 보면 곧 여래를 본다(凡所有相 皆是虛妄 若見諸相非相 卽見如來)."라고 하신 말씀에 대한 믿음 말이다.

생각해 보라. 인생은 물거품 같고, 사랑은 풀 위의 이슬 같은 것이다. 지나간 시간은 되돌릴 수 없고, 슬픈 일은 자주 생기고, 좋은 일은 늘 있지 않다. 이 모든 것이 허망한 줄 알고 다 이해한다 해도 깨닫기 어려운 것이 불교라고 한다. 사실만을 가지고 진리라고 말하는 종교인데도, 불교는 어렵고 심오한 종교로 인식된다. '모든 형상이 형상이 아닌 줄 알면 부처님을 볼 수 있다'는 말에도 동의하기 어렵다는 게 일반적인 중생들의 판단이다. 그러니 어쩌겠는가. 안타까운 마음에 수보리 존자는 다시 부처님께 여쭐 수밖에 없다.

그러나 부처님은 그렇지 않다고 말씀하신다. 최후의 오백 년에도 계를 받아 지니고 복을 닦는 사람들이 있을 것이라고. 그들이라면 이 글귀에 신심을 낼 것이라고 말이다. '최후의 오백 년'이란, 불교의 시대 구분 방식 중 하나다. 불교의 시대 구분은 다음과 같이 총 다섯 가지로 나뉜다.

첫 번째는 '해탈견고(解脫堅固) 시대'로 부처님의 설법을 듣는 것만으로도 그 자리에서 해탈할 수 있는 시대를 말한다. 두 번째는 '선정견고(禪定堅固) 시대'로 수행 정진을 열심히 하여 선정에 들어 깨달을 수 있는 시대다. 세 번째는 '다문견고(多聞堅固) 시대'로 강의를 듣고 교리 공부를 열심히 하거나 경전을 독송하는 것으로 깨달음에 이를 수 있는 시대이고, 네 번째는 '탑사견고(塔寺堅固) 시대'로 불탑을 쌓고 불사를 많이 하여 복을 짓는 시대라고 한다. 그리고 마지막 '투쟁견고(鬪爭堅固) 시대'는 말세를 말하는데, 이 시대는 말 그대로 투쟁과 다툼, 질병, 전쟁이 많은 시대다.

불교의 시대구분

명칭	해탈의 방법	시기
해탈견고 (解脫堅固) 시대	설법을 듣는 것만으로도 해탈할 수 있는 시대	부처님 열반 후 첫 500년까지
선정견고 (禪定堅固) 시대	수행을 통해 해탈할 수 있는 시대	부처님 열반 후 501년부터 두 번째 500년(=1,000년)까지
다문견고 (多聞堅固) 시대	경전을 공부하여 해탈할 수 있는 시대	부처님 열반 후 1,001년부터 세 번째 500년(=1,500년)까지
탑사견고 (塔寺堅固) 시대	불사를 많이 하여 복을 지을 수 있는 시대	부처님 열반 후 1,501년부터 네 번째 500년(=2,000년)까지
투쟁견고 (鬪爭堅固) 시대	다툼과 질병, 전쟁이 많은 시대	부처님 열반 후 2,001년부터 다섯 번째 500년(=2,500년)까지, 그리고 그 이후

마지막에 나오는 말세 시대에도 신심을 내는 사람들은 있기 마련이다. 그리고 그들은 한두 부처님께만 인연을 맺은 것이 아니다. 수많은 부처님과 인연을 맺고, 공덕을 지어야만 그런 맑은 믿음을 가질 수 있다는 것이다.

여기에서 특이한 점은 '바른 믿음[正信]'보다 '맑은 믿음[淨信]'을 더 강조했다는 점이다. 이것이 특이하다고 꼭 집어 말하는 이유는 바른 믿음에는 '옳다'라고 하는 상(相)이 들어가 있지만, 맑은 믿음에는 그 어떠한 상의 그림자도 보이지 않기 때문이다.

사람들은 끊임없이 되묻고 구분하려 든다. 순수하게 받아들이지 못하고, 뭐든 머리로 따지기부터 한다. 시비분별이 항상 따라다닌다. 자신이 쌓은 업이 만들어낸 편협한 생각에 푹 빠져 있고, 정확하지 않은 거짓 정보에 휘청거리며 시시비비하고 분별하게 된다. 이것이 우리가 사는 세상의 모습이다. 심지어 바르다는 생각에 몰입하여 상대방을 재단하고 따지고 비난하기를 일삼는다. 그러니 바른 것에 대한 상도 순수하다고 볼 수는 없다. 부처님께서 맑은 믿음을 강조하신 데는 다 이유가 있다.

어쨌든 이와 같이, 맑은 믿음을 지닌 말세 중생들은 결국 한량없는 복덕을 얻게 된다. 왜냐하면 상이 없기에 그러하다. 아상·인상·중생상·수자상만 없는 것이 아니라, 옳고 그름에 대한 상도 없고, 그 어떤 관념의 상도 만들어내지 않는다는 이야기다.

상을 갖기 시작하면 집착하는 마음이 일어나게 되는 것은 당연하다. 나와 남과 중생과 수명에 대한 상이 곧 집착을 만들어내기 때문이다. 그러니 옳은 법도, 그른 법도 나누지 말라고 말하는 것이다.

그런데 여기에는 큰 구멍이 하나 따라온다. 그 큰 구멍은 논리적으로는 너무 그럴듯하지만, 옳고 그름을 따지지 않게 됨으로써 '가치판단을 하지 못하는 상태'에 이르게 된다는 사실이다. 옳고 그름이 적용되어야 하는 세상에서 실제로 그것을 온전히 배제해 버리면 사회가 혼란스러워진다. 양심껏, 상식과 사회윤리에 맞게 분별하며 살아가는 삶이 필요하다.

그럼, 왜 부처님께서는 옳은 것도 취하지 말고, 그른 것도 취하지 말라고 하셨을까? 그것은 분별심을 내며 살아가지 말라는 말씀이다. 자신의 업에 의해 일어나는 분별심, 즉 고정관념을 씻어주기 위한 가르침이다. 심지어 부처님은 당신의 설법 또한 물을 건너는 뗏목쯤으로 여기고, 다 쓰면 버리라고까지 하셨다.

『맛지마 니까야』[『중아함경(中阿含經)』]를 보면 부처님께서 비유를 들어 하신 말씀이 나온다. 바로 '뗏목의 비유'다.

어떤 사람이 길을 가다가 강을 만났다. 이쪽 언덕은 위험하고 두렵지만 저쪽 언덕은 안온하고 두려움이 없다. 그러나 주위를 둘러봐도 저쪽 언덕으로 건너기 위한 배도, 다리도 없다. 그는 이렇게 생각했다. '잔가지와 큰 가지, 그리고 풀잎을 함께 모아 뗏목을 엮어서 그 뗏목에 의지하여 손과 발로 노력하여 안전하게 저 언덕으로 건너가리라.' 그렇게 해서 강을 안전하게 건넌 다음, 그는 다시 생각했다. '이 뗏목은 나에게 많은 것을 해주었다. 나는 이 뗏목에 의지하여 손과 발로 노력하여 안전하게 건너왔다. 그러나 나는 이 뗏목을 땅에 내려놓거나 물에 띄워놓고 내가 갈 곳으로 가는 것이 좋겠다.' 그러면서 부처님은 제자들에게 이 뗏목을 어떻게 하는 것이 합당한지 물으셨다. 제자들은 당연히 가지고 가는 것은 합당하지 않다고 대답했다.

이와 같이 부처님은 제자들에게 뗏목에 비유하여 법을 설하셨다. 뗏목은 강을 건너기 위함이지, 움켜쥐기 위함이 아니라는 뜻이다. 즉 이미 법을 이해한 자들은 그 법을 버려야 하는데, 하물며 법이 아닌 것을 버리는 건 아무런 문제도 아니고, 말로 설명할 이유조차 없는 것이다.

부처님의 핵심 가르침도 모두 이렇게 뗏목과 같은 도구이고 방편이다. 열반의 언덕에 도달했다면, 내려놓는 것이 상식이다. 집착하지 말고 상을 내려놓으라고 알려주었기 때문에, 우리도 상을 내려놓아야 함을 알게 된 것이다. 그런데 사실 그런 가르침 자체도 상을 만들어낸다. 법에 대한 집착이 그것이다.

부처님의 법에 의지하여 모든 번뇌를 없애고 깨달음의 경지에 이르렀어도 부처님 법에 대한 집착이 남았다면, 그는 아직 완전한 해탈의 경지에 이른 것이 아니다. 부처님의 가르침을 뗏목으로 삼아 깨달음에 이르고자 했어도 그 뗏목을 버리지 못한다면, 아직 버릴 게 남은 것이다. 모든 분별적 사고방식과 치우침, 법에 대한 집착까지도 다 내려놓았을 때, 우리는 진실한 부처님을 만날 수 있고, 부처를 이룰 수 있음을 기억해야 한다.

고집부릴 일
하나도 없다

◎

제7. 무득무설분

無得無說分 第七
무 득 무 설 분 제 칠

須菩提 於意云何 如來得阿耨多羅三藐三菩提耶
수 보 리 어 의 운 하 여 래 득 아 뇩 다 라 삼 먁 삼 보 리 야
如來有所說法耶 須菩提言 如我解佛所說義 無有定法
여 래 유 소 설 법 야 수 보 리 언 여 아 해 불 소 설 의 무 유 정 법
名阿耨多羅三藐三菩提 亦無有定法 如來可說 何以故
명 아 뇩 다 라 삼 먁 삼 보 리 역 무 유 정 법 여 래 가 설 하 이 고
如來所說法 皆不可取 不可說 非法 非非法 所以者何
여 래 소 설 법 개 불 가 취 불 가 설 비 법 비 비 법 소 이 자 하

一切賢聖皆以無爲法 而有差別
일 체 현 성 개 이 무 위 법   이 유 차 별

제7. 얻음도 없고 설함도 없다

"수보리야, 그대는 어떻게 생각하는가? 여래가 아뇩다라삼먁삼보리(阿耨多羅三藐三菩提)를 얻었는가? 여래가 법을 설한 적이 있는가?"
수보리가 대답하였다.
"제가 부처님의 말씀하신 뜻을 이해하기로는 '아뇩다라삼먁삼보리'라고 이름할 만한 것은 없습니다. 또한 고정된 법으로써 여래께서 설법하셨다고 할 만한 것도 없습니다. 왜냐하면 여래께서 말씀하신 법은 모두가 취할 수도 없고, 말할 수도 없으며, 법도 아니고 비법(非法)도 아니기 때문입니다. 왜냐하면 모든 현인(賢人)이나 성인(聖人)들이 다 이 무위법(無爲法)을 근본으로 하여 각각 차별을 보였기 때문입니다."

●

『금강경』을 강의하다가 수강생들에게 내가 설명한 바에 대해 이해했는지 물으면, 한결같이 돌아오는 답이 있다.

"스님! 저희는 들었으되 들은 바가 없는데요."

선생의 입장으로 들으면, 무척이나 힘 빠지는 노릇이 아닐 수 없다. 그러나 이 대답이야말로 『금강경』을 자세히 들었다는 증거다. 보살은 무언가를 배웠다는 상이 없기 때문이다. 그럼 『금강경』으로 돌아가 보자.

일단 부처님의 질문이 예사롭지 않다. 앞서 부처님께서는 수보리 존자에게 '여래의 육신을 가리켜 여래로 볼 수 있는가?' 하는 질문을 하셨다. 그러더니 이제는 여래가 깨달은 적은 있는지, 설법한 적은 있는지 물으신다.

알다시피 역사적 인물로서의 부처님은 분명 깨달았고, 성도 이후 열반에 들 때까지 무려 45년간 법을 설하셨으며, 연로하여 육체적 소멸을 통해 완전한 열반에 드셨다. 그리고 인류의 모든 성현이 그러하듯, 당신의 성찰과 깨달음을 제자들에게 전승하여, 그 가르침이 무려 2,600여 년이나 지난 지금도 우리 삶에 지대한 영향을 주고 있다. 심지어 나 같은 현대의 출가자는, 그 옛날의 부처님 말씀을 믿고 의지하여 머리를 깎고 생을 바쳐 살아간다.

그런데, 그 모든 것들을 부정하는 듯한 발언을 왜 하시는 건지 모르겠다. 자세히 보라. 『금강경』에 의하면, 부처님은 당신이 '아뇩다라삼먁삼보리'를 깨달은 적이 있느냐고, 법을 설한 적이 있느냐고 물으신다. 그러나 보살이라면, 불자라면 이 이야기의 핵심이 무엇인지 눈치챘을 것이다. 이 질문의 핵심은 '내가 이러이러하다'라는 생각이나 행위가 있었느냐는 말씀이다.

부처님은 끊임없이 무상(無相)에 대한 검증을 반복하며, 중생의 어리석음을 일깨워주신다. 특히 여기서는 부처님이 했다고 하는 행위에 대한 상조차도 없다고 가르치신다. 새가 허공을 날아서 아무리 많이 지나간다 해도 자취가 없는 것처럼, 어떤 흔적도 남기지 않았다는 말씀이다.

그런데 이것이 과연 가능한 일일까? 우리는 늘 기억하려 애쓰고, 작은 일에도 의미를 부여하며 사는 것에 익숙하다. 자신의 사유 방식대로, 자신의 업이 이끄는 대로 오해와 편견이 작용하는 가운데 생각하고 기억한다. 즉, 내가 머무는 세상은 다 내가 인식한 대로 만들어지게 된다는 이야기다. 의식이 곧 모든 것을 만든다. 그러니 상부터 없애야 한다는 것이다.

부처님은 앞서 몸이 허상임을 밝혔다. 제자들이 바라보는 부처님은 그저 대상으로서 존재할 뿐, 몸의 어느 부분도 부처님이라고 말할 만한 것이 없다는 가르침이었다. 육신을 가진 부처님은 절대 자신을 경배의 대상으로 만들어놓지 않으셨다. 그뿐만이 아니다. 형상이 그러하듯 소리나 냄새, 맛이나 감촉, 인지하는 것까지도 상대적인 것이지, 고정된 실체는 아무것도 없다고 하셨다. 또한 그것을 바라보는 자신도 똑같이 하나의 대상에 지나지 않음을 말씀하셨고, 중생들도 모든 대상에 대해 그렇게 보기를 바라셨다.

그리고 이어서 생각에도 실체가 없음을 말씀하셨다. 과거에 자신이 한 행위는 그저 꿈속의 일처럼 깨고 나서야 알아차리는 것과 같다. 그것을 알기에 부처님은 법을 설하였으나 설한 바가 없다고 하신 것이다. 부처님의 말씀에는 당신의 초월적인 경지가 담겨 있다. 부처의 경지에서는 깨달음도 없지만, 깨달음 아닌 것도 없다.

깨달은 자이거나, 진리(깨달음)에 근거해 중생제도에 나서는 자(보살)라면 누구라도 상을 내지 않아야 한다. 모든 관념이나 상황들은 그저 아침 햇살에 사라지는 이슬처럼 잠시 머물다 사라질 뿐이다. 그러므로 생색내며 돌아보지 않고, 의미를 부여하지 않으며, 순간에 최선을 다하는 것으로 충분하다. 의식이 만들어낸 허상에 빠지지 않으면, 좋고 싫은 감정도 만들어내지 않을 수 있다. 허상에 빠지는 것은 자꾸만 허접하게 또 다른 업(業)을 만드는 것이나 다름없다.

수보리 존자는 부처님의 질문이 의도하는 바를 명확하게 인지했기에, 좀 더 구체적으로 대답할 수 있었다. 특히 '정해진 법이 없다'라는 뜻의 '무유정법(無有定法)'은 무릎을 치게 만드는 구절이다. 수

많은 경전 중에서도 손에 꼽을 만큼, 나도 좋아하는 구절이다. '정해진 법이 없다.'

부처님은 치열하게 수행하여 밝게 깨달아 법을 설했다. 그러나 그 법을 고정불변의 것으로 간주해서는 안 된다. 모든 법은 연기를 바탕으로 나타났다. 그러니 깨달음까지도 정해진 법으로 간주해서는 안 되고, 깨닫고 설한 바도 항상 가변적이고 임시적이며 유동적이다.

지난날 자신이 한 행위가 연극인 줄 모르고, 진짜 자신이 행한 것으로 믿어버리면 절대 그 틀에서 벗어나지 못한다. 우리가 걸핏하면 걱정하고 후회하는 이유가 그것이다. 물론 그것이 허망한 것이라고 해도 결과가 없다고 볼 수는 없다. 모든 것에는 반드시 행위의 결과가 따라오기 때문이다.

그러나 **지난 일들은 조건이 바뀌면 얼마든지 바뀔 일들이다. 우리가 살아가는 삶의 모든 인연이나 현상들은 연기적 원리에 의해 일어나기 때문에 정해진 것이 하나도 없다. 우리가 매일 수없이 내리는 선택이나 결정, 그리고 판단들도 자신의 육체와 정신이 대상을 만나 만들어낸 것에 불과하다.** 어디에 고정된 법이 있으며, 실체가 있을 수 있겠는가. 그렇기에 『금강경』에서도 '성인이나 현인들도 무위법(無爲法, 생멸변화가 없는 참된 법)을 근본으로 하여 각각 차별(差別)을 이루어

펼쳐 보였다'고 말하는 것이다.

성현의 '무위법'이라는 것은 어떤 의도적 행위나 형성된 현상계를 초월해 있다는 것을 말한다. 그래서 '하고자 함이 없다'는 뜻으로 '무위(無爲)'라고 한다. 이는 '열반'과도 같은 의미로 쓰이며, 진리의 세계를 표현할 때 자주 등장한다. 깨달은 사람이 인지할 때는 '보았으되 본 바가 없고, 들었으되 들은 바가 없게 되는 것'이다. 즉 보는 주체도, 들은 주체도 없이 그저 '봄'만 있고 '들음'만 있을 뿐이다. 보는 자와 보이는 대상이 모두 감각기관을 통해 인지 작용을 일으켰기 때문이다. 예를 들어, 저 길가의 꽃을 보자. 저 꽃은 누군가를 위해 핀 것이 아니다. 지나가는 누군가를 유혹하기 위해 핀 것도 아니요, 누군가에게 사랑받기 위해 작정하고 피어난 것도 아니다. 그냥 때가 되어 피어났을 뿐이다. 피어남에 무슨 목적이 있었던 것이 아니다. 저 꽃의 화사한 핌의 과정과 결과가 바로 '무위'라고 할 수 있다.

이와는 반대로 '유위법(有爲法)'이라는 게 있다. 여러 가지 원인이나 조건에 의해 만들어진 일체 현상을 '하고자 함이 있다'는 뜻으로 '유위(有爲)'라고 한다. 모든 존재는 스스로 존재할 수 없고, 혼자서만 존재할 수도 없다. 우리가 실제라고 믿고 있는 사물과 세상도 마찬가지다. 유위법은 인연의 원리로 변화무쌍한 것이기에 항상 똑같이 머물러 있지 않는다. 무상(無常)하다.

「무득무설분(無得無說分)」의 마지막 문장에서 남기고자 하는 뜻은 부처님을 비롯한 성현들은 얻은 바도 없고, 설한 바도 없는 무위의 삶을 영위한다는 것! 그러면서도 중생의 근기(根機)에 맞게 법을 설하여 중생을 제도한다는 의미다. 설하였으나 설한 바가 없다. 지금 『금강경』 해설서를 쓰고 있는 나도 열심히는 하고 있지만, 특별히 쓴다는 생각은 없다. 쓰고 난 후에도 썼다는 상이 없기를 바란다. (물론 그럴 리 없지만!) 마찬가지로 독자 여러분도 '읽었으나 읽었다는 상이 없기를!' 여러분에게도 빠져나갈 구멍 하나 남겨놓고, 이 글의 결과에 대해서도 두려움 없이 나는 떠나련다. 다음 장으로 고고(go go)!

복(福)이
뭐길래

◎

제8. 의법출생분

依法出生分 第八
의법출생분 제팔

須菩提 於意云何 若人 滿三千大千世界七寶 以用布施
수보리 어의운하 약인 만삼천대천세계칠보 이용보시
是人 所得福德 寧爲多不 須菩提言 甚多 世尊 何以故
시인 소득복덕 영위다부 수보리언 심다 세존 하이고
是福德 卽非福德性 是故 如來說 福德多 若復有人
시복덕 즉비복덕성 시고 여래설 복덕다 약부유인
於此經中 受持乃至四句偈等 爲他人說 其福 勝彼
어차경중 수지내지사구게등 위타인설 기복 승피

何以故 須菩提 一切諸佛 及諸佛阿耨多羅三藐三菩提法
하 이 고 수 보 리 일 체 제 불 급 제 불 아 뇩 다 라 삼 먁 삼 보 리 법
皆從此經出 須菩提 所謂佛法者 卽非佛法
개 종 차 경 출 수 보 리 소 위 불 법 자 즉 비 불 법

제 8. 법에 의해 태어나다

"수보리야, 그대는 어떻게 생각하느냐. 만일 어떤 사람이 삼천대천 세계(三千大千世界)에 가득한 칠보(七寶)로서 널리 보시한다면 그 사람이 받을 복덕이 얼마나 많겠느냐?"
수보리가 대답하였다.
"매우 많겠나이다. 세존이시여, 왜냐하면 이 복덕은 곧 복덕의 본 성품이 아니므로 여래께서 복덕이 많다고 말씀하시기 때문입니다."
"만일 다시 어떤 사람이 이 경 가운데서 혹은 사구게(네 구절)만이라도 받아 지니고 남에게 말하여 주면 그 복덕은 저 칠보를 보시한 복덕보다 더 수승(殊勝)하다. 왜냐하면 수보리야, 모든 부처님과 아뇩다라삼먁삼보리법이 다 이 경에서 나왔기 때문이다. 수보리야, 이른바 불법(佛法)이라고 하는 것은 곧 불법이 아니다."

언젠가 도반스님이 와서 차를 마시다가 '복'에 대한 이야기가 나왔다. 이런저런 이야기 끝에 하는 말이 '아무리 관상이 좋고 사주가 좋아도 복 있는 이만 못하다'라는 말이었다. 결국 이 대화는 복을 많이 지어야 한다는 것으로 결론이 났다.

인생에서 우리는 복 지을 생각보다 복 받을 생각을 더 많이 하며 산다. 복이 많았으면 좋겠고, 일이 수월하게 풀렸으면 좋겠고, 남들보다 부유했으면 좋겠다고 생각한다. 아니, 어쩌면 그것을 당연한 것으로 여기는지도 모르겠다. 일이 잘 안 풀리고 틀어질 수도 있고, 경쟁에서 뒤처질 수도 있는데, 그것을 쉽게 받아들이지 못한다. 그래서 그럴 때마다 실패했다며 좌절하고 너무 많이 용기를 잃고 힘들어한다. 내가 선택한 일이 좋아지거나 나빠질 확률은 언제나 반반일 텐데도 말이다.

『백유경』에 나오는 이야기 하나를 꺼내보겠다. 돈은 많은데 어리석은 사람이 있었다. 어느 날 그는 다른 사람의 집이 높게 지어지는 것을 보고 부러운 생각이 들었다. 그래서 목수를 불러 더 높은 누각을 지어달라고 했다. 요청을 받고 누각을 짓기로 약속한 목수는 우선 기둥을 세울 터를 다지려고 기초공사를 시작했다. 며칠을 기다려도 건물이 안 올라가자 어리석은 주인은 조급함에 슬슬 짜증이 나기 시작했다. 하루, 이틀, 참다못한 주인은 목수에게 말도 안 되는 요구를 했다. 기초공사도 하지 말고, 1층, 2층도 필요 없고, 오로지 3층 누각만 있으면 되니까 그것만 만들어달라는 것이다.

세상에 기초공사도 하지 않고 집을 어떻게 지을 수 있겠는가. 1층도 제대로 못 짓는다. 하물며 1층과 2층이 없는 3층이라니, 있을 수 없는 일이다. 노력 없이 결과만을 바라는 꼴이다. 감나무 밑에 서서 감 떨어지기만을 바라는 사람만도 못하다. 노력이라는 과정을 거치지 않고서는 그 어떤 좋은 결과도 이룰 수 없는 법이다. 이 이야기는 노력할 줄 모르고, 늘 좋은 결과만을 바라는 중생의 어리석음을 꼬집는 이야기라고 할 수 있다.

복도 마찬가지다. 복을 받을 만한 씨앗을 뿌려놓아야 훗날 거둘 수 있는 것이지, 복이라는 게 어느 날 뚝딱하고 하늘에서 떨어지는 게 아니다. 그런데 『금강경』에서는 복에 대하여 이해하기 어려운 이야기를 나눈다.

제8. 「의법출생분(依法出生分)」의 시작에서, 부처님께서는 금은보화 같은 재물로 보시한 사람의 공덕 결과가 얼마나 큰지 물으신다. 수보리 존자는 당연히 복덕이 많다고 대답한다. 이는 단순한 덧셈식의 대답이 아니었다. 금은보화를 보시한 복덕은 본래 복덕의 성품을 가진 것이 아니다. 그렇기 때문에 부처님께서 오히려 복덕이 많은 것이라고 말씀하신 것이다.

이 두 스승과 제자의 문답은 매우 오묘하다. '금은보화를 보시한 복덕은 본래 복덕의 성품을 가진 것이 아니다'라는 말을 곱씹어보자. 금은보화는 원래 산이나 땅속 깊이 묻혀 있다. 인간이 그것을 채굴해 내기 전까지 그 금은보화는 누구의 소유도 아니었다. 그것이 발견된 위치나 소유권을 생각하면, 그저 자연 광물에 지나지 않는 것들이었다. 즉, 처음에는 그 누구의 것도 아니었던 셈이다.

그렇게 땅속에 묻혀 있던 것을 누군가 채굴함으로써 소유권자가 발생하게 된다. 그러므로 그것을 보시했다고 해도 근원적인 복덕이라고 할 만한 성품이 생긴 것은 아니라는 말이다. 마치 저 달마 대사가 보시 공덕을 많이 지었다고 자부하는 양 무제(武帝)에게 "아무런 공덕이 없다."라고 말한 것과 비슷한 원리라고 할 수 있다.

금은보화가 본래 복덕의 성품을 만들어 지니고 있지 않듯이, 어떤 상을 가진 것이 아니므로, 오히려 복덕이 많아지게 된다는 원리라고나 할까. 자, 여러분은 이 대목이 이해가 가셨으려나, 아니면 오셨으려나….

그러나 경전에 대해서는 그 복덕의 내용이 확연히 달라진다. 경전 구절 중 '사구게'만이라도 남을 위해 말해 준다면, 그 복덕은 어마어마하다는 것이다. 앞서 제4.「묘행무주분(妙行無住分)」에서 설한 바와 같이 허공과 같은 복덕이 생긴다. 왜냐하면 모든 깨달음의 도리가 상을 없애라는 것에서 비롯된 것인데, 그 내용을 담고 있는 경전 구절을 알려준다면 그것은 곧 깨달음의 씨앗을 뿌리는 것과 다름없는 행위이기 때문이다.

그러면서 '불법(佛法)이란 곧 불법이 아니다'라는 촌철살인의 구절을 남겨두었다. **'이것이 불교다'라고 주장하며 절대적 진리라고 말한다면, 이는 불법이 아니라는 말이다. 어떤 주장이라도 거기에 상이 맺혀버리면 본래의 성품을 잃어버리게 마련이니까.**

세상 만물은 인연의 만남으로 자연스럽게 만들어진 현상, 그리고 그 현상의 결합이다. 그래서 불교에서는 뭐든 명사화시켜 이름 붙이는 것을 싫어한다. 다시 말해 이름 짓고, 의미 부여하는 것을 거부한다. 주관적 인식을 자꾸만 심어주는 꼬리표는 더 이상 만들지 말라는 것이다. 시비분별의 상만 더할 뿐이기 때문이다.

유혹에 흔들리지 않을
자신 있는가

◎

제9. 일상무상분

一相無相分 第九
일 상 무 상 분 제 구

須菩提 於意云何 須陀洹 能作是念 我得須陀洹果不
수보리 어의운하 수다원 능작시념 아득수다원과부

須菩提言 不也 世尊 何以故 須陀洹 名爲入流
수보리언 불야 세존 하이고 수다원 명위입류

而無所入 不入色聲香味觸法 是名須陀洹 須菩提
이무소입 불입색성향미촉법 시명수다원 수보리

於意云何 斯陀含 能作是念 我得斯陀含果不 須菩提言
어의운하 사다함 능작시념 아득사다함과부 수보리언

不也 世尊 何以故 斯陀含 名一往來 而實無往來
불야 세존 하이고 사다함 명일왕래 이실무왕래

是名斯陀含 須菩提 於意云何 阿那含 能作是念
시명사다함 수보리 어의운하 아나함 능작시념

我得阿那含果不 須菩提言 不也 世尊 何以故 阿那含
아득아나함과부 수보리언 불야 세존 하이고 아나함

名爲不來 而實無不來 是故 名阿那含 須菩提 於意云何
명위불래 이실무불래 시고 명아나함 수보리 어의운하

阿羅漢 能作是念 我得阿羅漢道不 須菩提言 不也 世尊
아라한 능작시념 아득아라한도부 수보리언 불야 세존

何以故 實無有法 名阿羅漢 世尊 若阿羅漢 作是念
하이고 실무유법 명아라한 세존 약아라한 작시념

我得阿羅漢道 卽爲着我人衆生壽者 世尊
아득아라한도 즉위착아인중생수자 세존

佛說我得無諍三昧人中 最爲第一 是第一離欲 阿羅漢
불설아득무쟁삼매인중 최위제일 시제일이욕 아라한

世尊 我不作是念 我是離欲阿羅漢 世尊
세존 아부작시념 아시이욕아라한 세존

我若作是念 我得阿羅漢道 世尊 卽不說須菩提
아약작시념 아득아라한도 세존 즉불설수보리

是樂阿蘭那行者 以須菩提 實無所行 而名須菩提
시요아란나행자 이수보리 실무소행 이명수보리

是樂阿蘭那行
시요아란나행

제9. 하나의 상도 상이 없다

"수보리야, 그대는 어떻게 생각하는가. 수다원(須陀洹)이 생각하기를 '나는 수다원의 과위[果]를 얻었다'라고 하겠는가?"

수보리가 대답하였다.

"그렇지 않습니다. 세존이시여. 왜냐하면 수다원은 이름하여 '입류(入流)'라고 하지만, 실로 들어간 바가 없습니다. 색(色)·성(聲)·향(香)·미(味)·촉(觸)·법(法)에도 들지 않았습니다. 다만 그 이름이 수다원일 뿐입니다."

"수보리야, 그대는 어떻게 생각하는가. 사다함(斯多숨)이 생각하기를 '내가 사다함의 과위를 얻었노라'라고 하겠는가?"

수보리가 대답하였다.

"그렇지 않습니다. 세존이시여, 사다함은 '일왕래(一往來)'라고 말하지만, 실로는 왕래한 바가 없습니다. 그 이름이 사다함일 뿐입니다."

"수보리야, 그대는 어떻게 생각하는가. 아나함(阿那숨)이 생각하기를 '나는 아나함의 과위를 얻었노라'고 하겠는가?"

수보리가 대답하였다.

"그렇지 않습니다. 세존이시여, 왜냐하면 아나함은 '불래(不來)'라고 하지만, 실은 오지 않는 것이 없습니다. 이름이 아나함일 뿐입니다."

"수보리야, 그대는 어떻게 생각하는가. 아라한(阿羅漢)이 생각하기를 '나는 아라한의 도를 얻었노라'라고 하겠는가?"
수보리가 대답하였다.
"그렇지 않습니다. 세존이시여, 왜냐하면 실로 아라한이라 할 법이 없는 것을 아라한이라고 부르기 때문입니다. 세존이시여, 만일 아라한이 생각하기를 '내가 아라한의 도를 얻었노라'고 한다면 이는 곧 아상·인상·중생상·수자상에 집착하는 것이 됩니다.
세존이시여, 부처님께서는 저를 일러 무쟁삼매(無諍三昧)를 얻은 사람 중에 으뜸이라 하셨습니다. 이는 욕심을 여읜 제일가는 아라한[離欲阿羅漢]이라는 말입니다. 그러나 저는 제가 욕심을 여읜 아라한[離欲阿羅漢]이라는 생각을 하지 않습니다. 세존이시여, 제가 만일 '나는 아라한의 도를 얻었다'라고 생각한다면, 세존께서는 수보리에게 '아란나행(阿蘭那行)'을 좋아하는 사람이라고 말하지 않았을 것입니다. 수보리는 실로 고요한 행을 한 바가 없기에, '수보리는 아란나행을 좋아하는 사람'이라고 말씀하신 것입니다."

●

태풍이 온다. 비바람이 거세게 불어 절 지붕의 낡은 기왓장 몇 개가 날아갔다. 성미가 아주 거친 태풍인가 보다. 조심하라고 휴대폰으로 안전 문자가 날아들었다. 그런데 거세게 몰아붙이던 비바람이 급작스레 잦아들더니, 맑은 하늘에 해가 쑥 하고 얼굴을 내밀었다. '뭐야? 벌써 지나갔나? 이렇게 갑자기?' 갸우뚱거리면서도 환해진 기분으로 비설거지를 했다. 그런데 태풍은 그게 끝이 아니었다. 얼마 되지 않아 '태풍의 눈'이 지나가고 비바람이 몰아쳤다.

주위를 둘러보면 '태풍의 눈'처럼 차분한 이들이 있다. 사바세계의 휘몰아치는 비바람 속에서도 끄떡하지 않고 한결같은 사람들 말이다. 이들은 매사에 침착하고 현명하게 대처한다. 그리고 그들 중에는 출가 수행자도 많다. 물론 출가자라고 해서 다 그런 것은 아니다. 어디서든 현재 머무는 곳에서 수행 중인 사람만이 그럴 것이다. 시기와 질투, 시비와 혼란, 탐욕과 성냄의 소용돌이 속에서도 그들은 흔들리지 않고, 맑은 하늘을 보여주는 놀라운 존재들이다.

제9.「일상무상분(一相無相分)」에서는 '성문사과(聲聞四果)'에 해당하는 수행자들의 이야기가 나온다. 성문사과는 수행자가 깨달음에 이르는 네 단계를 말한다. 초기불교나 부파불교 시대에 중시되었으며, 이 네 단계를 통해 출가자들이 얼마나 수행하였는지, 그 깨달음의 정도를 헤아리는 기준으로 삼았다. 성문사과는 사향사과(四向四果) 또는 사문사과(沙門四果)라고도 불린다. 수행의 경지를 말하는 성문사과 체계는 수다원(須陀洹, Srotāpana), 사다함(斯陀含, Sakṛdāgāmin), 아나함(阿那含, Anāgāmin), 아라한(阿羅漢, Arhat)의 단계로 나누어져 있다.

성문사과	별칭 및 내용
수다원(須陀洹)	예류과(預流果), 깨달음의 흐름에 들어선 자
사다함(斯陀含)	일래과(一來果), 한 번만 더 생을 받아 수행하면 깨닫게 되는 자
아나함(阿那含)	불환과(不還果), 욕계(欲界)에 다시 태어나지 않을 경지의 수행자
아라한(阿羅漢)	무학위(無學位), 본질에 대한 깨달음을 얻어 열반에 이른 자

성문사과 체계를 설명하자면 다음과 같다.

먼저 수다원과다. 수다원과는 예류과(預流果)라고도 한다. 이들은 고(苦)·집(集)·멸(滅)·도(道)의 이치를 앎으로써 미혹(迷惑)을 끊고 수행이 진전되어 드디어 깨달음의 흐름에 들어선 자들을 말한다. 수다원을 일컬어 '물에 들어가 헤엄을 치기 시작했다'는 뜻의 입류(入流)라고 하는 것은 윤회의 흐름에서 벗어나 성인의 반열에 들어섰다는 이야기다. 다만, 이들은 남아 있는 습(習)을 끊지 못해 일곱 번 더 인간세계로 다시 와야 한다. 바꿔 말해, 앞으로 일곱 생 안에 깨치게 될 것이라는 뜻이다.

사다함과는 일래과(一來果)라고도 한다. '일래(一來)'라는 단어를 통해 유추할 수 있듯이, 한 번만 더 생을 받아 수행하면 깨닫게 되는 단계다. 탐(貪)·진(瞋)·치(癡)를 없앰으로써 도달할 수 있는 단계다.

아나함과는 불환과(不還果)라고도 한다. '불환(不還)', 다시 돌아오지 않는다는 말이다. 어디로 돌아오지 않는가? 바로 우리가 사는 사바세계다. 이들은 욕계(欲界)에 다시 태어나지 않은 채, 천상에서 성불한다고 한다.

마지막으로 아라한은 무학위(無學位)라고 한다. 더 이상 배울 것도, 닦을 것도 없다는 말이다. 모든 번뇌를 끊고 고귀한 사람이 되는 최종 단계를 말한다. 본질에 대한 깨달음을 얻어 열반에 이른 이를 아라한이라고 부른다.

『금강경』에서 이렇게 성문사과를 이룬 자들을 등장시킨 이유는 '수행해서 어느 정도 성과를 이룬 이들에게는 상(相)이 없다'는 것을 말하기 위함이다. 생각해 보라. 중생인 우리들은 자신이 원하는 권력이나 지위(높고 낮음에 관계없이)를 얻게 되면, 온갖 '상'을 만들어서 생색을 낸다. 자신이 이룬 것이 아닌데도, 가족이나 친인척의 성과에도 열을 올리며 상을 내는 경우가 많다.

그런데 그것은 세속에 사는 사람만의 이야기가 아니다. 출가한 이들도 그럴 수 있다. 나만 보아도 '상(相) 바가지' 내는 일이 허다하다. 더러는 그것이 힘이 되기도 하고, 심지어는 즐겁기까지 하다. 자신이 이룬 성과에도 무심하게 흔들리지 않아야 하는데 말이다. 어떨 때 보면 마음 정리는 잘 되어 있는 것 같은데, 한심하게도 입을 다스리지 못할 때가 더 많다. 그걸 보면, 신(身)·구(口)·의(意) 삼업(三業)이 청정해지려면 아직 멀었다.

아무튼 자신이 이룬 성과에 집착함이 없어야 '성자'라 이름할 수 있다. 색·성·향·미·촉·법, 즉 형상, 소리, 향기, 맛, 감촉과 관념에도 사로잡히지 않은 자들이 진정한 수행자요, 성자의 반열에 든 이들이다. 그렇기에 그들은 함부로 상을 내며 살지 않는다.

이어지는 대목은 '무쟁삼매(無諍三昧)'에 관한 내용이다. 무쟁삼매란, 다툼 없는 상태를 말한다. 나와 너, 옳고 그름, 좋고 싫음, 잘하고 못함 등의 구분이 완전히 사라진 경지인데, 그 대표적인 인물이 바로 『금강경』의 주인공인 수보리 존자다. 앞에서도 설명했지만, 수보리 존자는 출가하기 전에 어딜 가나 다툼을 몰고 다니는 사람이었다고 한다. 그런데 부처님의 가르침을 듣고 출가한 후로는 쓸데없는 다툼이나 불필요한 논쟁을 피하고, 깊은 통찰과 수행을 통해 아라한의 경지에 이르게 되었다. 그래서 부처님께서도 그를 가리켜 '무쟁제일(無諍第一)'이라 칭하거나, 욕심을 여읜 '이욕아라한(離欲阿羅漢)'이라고 한 것이다.

욕심을 떠난 아라한이기에 한적한 곳에 머물며 고요한 행(行)을 좋아하고, 갈등도 없었으며 번뇌도 없었다고 한다. 부처님의 십대제자 중 한 분이니 어찌 보면 당연하겠지만, 그는 산란하거나 어지러운 마음을 내지 않는 수행자였다. 나아가 단 한 순간도 자신이 그러한 사람이라고 하는 상을 내지 않았다. 이와 같이, 어떠한 형태의 인간으로도 스스로를 규정짓지 않는 모습이야말로 그가 '무쟁제일'임을 알게 해주는 대목이 아닌가 싶다. 나도 무쟁제일은 되지 못하더라도, 수보리 존자처럼 고요한 '태풍의 눈'을 갖도록 수행을 통하여 차분하고 맑은 인생을 살아가고 싶다.

깨달은 자이거나, 진리에 근거해
중생제도에 나서는 자라면
누구라도 상을 내지 않아야 한다.

모든 관념이나 상황들은 그저
아침 햇살에 사라지는 이슬처럼
잠시 머물다 사라질 뿐이다.

그러므로 생색내며 돌아보지 않고,
의미를 부여하지 않으며,
순간에 최선을 다하는 것으로 충분하다.

언제 어디서든

『금강경』은 우리에게
어떤 모습으로든지 바꿀 수 있고,
다 버릴 수도 있음을 가르쳐준다.
모든 것이 인연 따라 생기고,
인연 따라 소멸한다는 것을 통해
알 수 있는 것들이다.

분별함이 없는 눈으로 바라보면
세상과 존재를 통찰하여 파악할 수 있다.
그런 통찰의 힘은
낱낱의 정체를 끝까지 추구해 갈 수 있고,
그 끝에서 모든 것이 공(空)하다는 사실을
발견할 수 있다.

머무름 없이
마음을 내라

◎

제10. 장엄정토분

莊嚴淨土分 第十
장엄정토분 제십

佛告須菩提 於意云何 如來昔在燃燈佛所 於法
불고수보리 어의운하 여래석재연등불소 어법
有所得不 不也 世尊 如來在燃燈佛所 於法 實無所得
유소득부 불야 세존 여래재연등불소 어법 실무소득
須菩提 於意云何 菩薩 莊嚴佛土不 不也 世尊 何以故
수보리 어의운하 보살 장엄불토부 불야 세존 하이고
莊嚴佛土者 卽非莊嚴 是名莊嚴 是故 須菩提
장엄불토자 즉비장엄 시명장엄 시고 수보리

諸菩薩摩訶薩 應如是生淸淨心 不應住色生心
제 보 살 마 하 살 응 여 시 생 청 정 심 불 응 주 색 생 심

不應住聲香味觸法生心 應無所住 而生其心 須菩提
불 응 주 성 향 미 촉 법 생 심 응 무 소 주 이 생 기 심 수 보 리

譬如有人 身如須彌山王 於意云何 是身 爲大不
비 여 유 인 신 여 수 미 산 왕 어 의 운 하 시 신 위 대 부

須菩提言 甚大 世尊 何以故 佛說非身 是名大身
수 보 리 언 심 대 세 존 하 이 고 불 설 비 신 시 명 대 신

제10. 정토를 장엄하다

부처님께서 말씀하셨다.

"수보리야, 그대는 어떻게 생각하는가? 여래가 옛적에 연등 부처님 [燃燈佛] 처소에서 법을 얻은 바가 있는가?"

"아닙니다. 세존이시여, 여래께서는 연등 부처님 처소에 계실 적에 실로 아무런 법도 얻은 바가 없습니다."

"수보리야, 그대는 어떻게 생각하는가? 보살이 불국정토(佛國淨土)를 장엄하는가?"

"아닙니다. 세존이시여, 왜냐하면 불국정토를 장엄한다는 것은 장엄이 아니며, 그 이름이 장엄(莊嚴)이기 때문입니다."

"그러므로 수보리야, 보살마하살은 응당 이와 같이 청정한 마음

을 내어야 한다. 반드시 색(色)에 머물지 말고 마음을 내야 하며, 성(聲)·향(香)·미(味)·촉(觸)·법(法)에도 머물지 말고 마음을 내야 하나니, 그 어떤 것에도 머무는 바 없이 마음을 내어라.

수보리야, 비유하자면 마치 어떤 사람의 몸이 수미산왕(須彌山王)만 하다면 그대는 어떻게 생각하는가? 그 몸이 크다고 하지 않겠는가?"

수보리가 아뢰었다.

"아주 큽니다. 세존이시여, 왜냐하면 부처님께서 말씀하신 것은 몸이 아니며, 그 이름이 큰 몸일 뿐이기 때문입니다."

●

나는 대한불교조계종 소속의 비구니다. 대한불교조계종의 종조(宗祖)는 도의(道義) 국사(國師)다. 종조란 종단(宗團)을 처음으로 일으킨 스님을 말한다. 도의 국사는 당나라에서 37년 동안 수행하면서 혜능(慧能, 638~713) 스님의 선법(禪法)을 접하게 되었는데, 그 이후에도 여러 조사(祖師)스님들을 뵙고, 그 법을 이어받아 우리나라에 전해 준 인물이다.

그런 대한불교조계종의 소의경전(所依經典)이 『금강경』이다. '소의경전'이라는 것은 그 종교의 기본적인 사상을 담고 있어서 자신이 종교 생활을 함에 있어 근거로 삼아 의지할 만한 경전이라는 뜻이다. 그러니까 『금강경』에는 불교의 기본 사상이 담겨 있으니, 열심히 읽고 수행에 도움이 되도록 하라고 조계종에서 공식적으로 권장하는 경전인 것이다. 본 책의 첫머리에서 짧게나마 눈인사로 낯을 익혔기에, 이젠 소의경전이란 어휘가 낯설지 않게 다가올 것이다. 그럼, 그 수많은 불교 경전 중에 왜 하필 『금강경』이 조계종의 소의경전이 되었을까?

그 이야기를 하려면, 먼저 선종(禪宗)의 역대 조사스님 중 6조 혜능(慧能) 스님에 대하여 알아야겠다. 초조(初祖) 달마(達摩) 대사로부터 시작되는 중국 선종은 2조 혜가(慧可), 3조 승찬(僧璨), 4조 도신(道信), 5조 홍인(弘忍), 그리고 6조 혜능으로 이어진다. 그리고 6조 혜능 스님 대에 이르러 비로소 선종이 완성되었다고 할 수 있다. 말하자면 선종의 실제 창시자가 바로 혜능 스님이라는 이야기다.

혜능 스님은 본래 나무를 해서 내다 팔아 어머니를 봉양하던 사람이었다. 그러던 어느 날, 나무를 팔고 돌아오던 길에 한 객승(客僧)이 독경하는 소리를 듣고, 순간 그의 마음에 딱 와닿는 구절이 있었는데, 바로 이 대목이었다.

머무는 바 없이,
마음을 내어라.

應無所住(응무소주)
而生其心(이생기심)

나무꾼이었던 혜능은 배움의 깊이가 얕은 사람이었으나, 이 대목을 듣고 마음이 확연하게 깨어남을 느꼈다. 그는 스님에게 다가가서 방금 한 염불이 무엇이냐고 물었다. 『금강경』의 한 구절이라는 것을 알게 된 그는 곧바로 출가를 결심하고, 어딜 가면 이것을 구할 수 있는지 물었다. 그러자 당시 법을 널리 전하고 있던, 5조 홍인 대사를 찾아가면 된다는 답을 들었다.

출가를 다짐한 혜능은 황매현(黃梅縣) 동선사(東禪寺)에 가서 홍인 대사께 출가 허락을 구하고자 하였다. 그런데 정작 홍인 대사는 혜능을 하찮게 여기는 듯 방앗간으로 보내서 하루 종일 방아 찧는 일만 시켰다. 사실 홍인 대사도 마음속으로는 이미 그가 큰 법기(法器)임을 알아보았다고 한다. 이는 두 사람의 대화를 통해 추측할 수 있는 부분이기도 하다.

홍인 대사는 출가하기 위해 찾아온 혜능을 보자마자 어디에서 왔는지부터 물었다. 혜능이 영남(嶺南)에서 왔음을 밝히자, 그곳 사람이라면 오랑캐라며, "오랑캐에겐 불성(佛性)이 없다."라고 단언하듯 그를 떠보았다. 그러자 혜능이 당당하게 답한다.

"사람에게는 남과 북의 구분이 있다지만, 불성에도 남과 북이 있는 것입니까?"

그러니까 혜능은 이미 길 위에서 『금강경』 구절을 듣고 깨달은 사람이었다. 좌선하고 염불을 통한 수행으로 깨달은 사람이 아니라는 말이다. 부처님께서도 이르시길 『금강경』 사구게를 전하는 공덕이, 금은보화로 보시하는 공덕보다 더 크다고 하셨다. 그러니까, 『금강경』을 해설하는 『이제서야 이해되는 금강경』을 읽는 것도 나름 괜찮은 공덕 쌓기인 셈이다.

홍인 대사가 혜능을 방앗간으로 보낸 것은 그를 한정된 공간에 가둬두고 지켜보고자 함이었다. 혜능은 홍인 대사가 시키는 대로 방앗간에서 무려 여덟 달 동안이나 군말 없이 방아를 찧었다.

그러던 어느 날, 홍인 대사가 법을 전수할 제자를 한참 찾고 있던 중이었다. 사부대중(四部大衆) 스님들 가운데에서도 가장 뛰어나다는 신수(神秀, 606~706) 스님이 써놓은 게송이 있음을 혜능은 한 동자승으로부터 전해 듣게 되었다.

몸이란 진리의 나무요
마음은 맑은 거울과 같으니,
시시때때로 부지런히 갈고 닦아서
티끌 한 점 묻히지 마세.

身是菩提樹(신시보리수)
心如明鏡臺(심여명경대)
時時勤拂拭(시시근불식)
勿使惹塵埃(물사야진애)

깨달음을 위해 부지런히 정진하라는 신수 스님의 게송을 들은 뒤, 글을 전혀 몰랐던 혜능은 동자승의 도움을 받아 게송을 하나 적어놓았다.

진리의 나무란 본디 없는 것이요
맑은 거울 또한 받침대가 없네.
본래 한 물체가 없는데
어디에 티끌을 묻힐 수 있으리오.

菩提本無樹(보리본무수)

明鏡亦非臺(명경역비대)

本來無一物(본래무일물)

何處惹塵埃(하처야진애)

진리를 보는 안목이 이 정도면 이미 깨달음에 도달한 것이다. 이야기는 여기서 끝나지 않는다. 홍인 대사는 게송을 보자마자, 곧장 방아 찧는 혜능이 쓴 것임을 직감한다. 그리고 삼경(三庚, 밤 11시에서 새벽 1시 사이)에 혜능을 조용히 불러『금강경』을 설해 주었다. 혜능은 "머무는 바 없이, 마음을 내어라(應無所住 而生其心)."라는 구절에서 다시 한번 크게 깨달았다고 한다. 이와 더불어 홍인 대사에게는 비로소 온전하게 법을 전할 제자가 생긴 것이다. 이리하여 나무꾼이었던 혜능은 승가에서 그 유례를 찾기 힘든, 행자의 신분으로 선종의 제6대 조사가 되었다.

그러나 사부대중의 반발을 염려한 홍인 대사는 혜능에게 의발[衣鉢, 가사와 바리때. 승가에서 스승이 제자에게 물려주는 교법(教法)의 상징]을 전수하자마자 남쪽으로 떠나게 했다. 훗날 혜능 스님은 남쪽 조계산(曹溪山)으로 가서 법을 펼치게 되는데, 이를 '남종선(南宗禪)'이라고 한다. 물론 신수 스님도 그대로 남아서 문하에 많은 제자를 두고 법을 펼쳤다. 그 신수 스님의 법은 '북종선(北宗禪)'이라고 불렸다. 당시에는 북종선의 위세가 남종선보다 컸다고 한다.

혜능 스님은 『금강경』을 늘 가까이하고, 대중들에게 법을 설할 때도 『금강경』을 독송하라고 권했다. 그에게 있어 『금강경』은 자신을 깨달음으로 이끈 매개체이자 촉매였기 때문이다. 위에서도 말했다시피, 지금의 대한불교조계종은 조계산에 머물던 혜능 스님의 선맥(禪脈)을 이어받았다고 해서 이름을 '조계종(曹溪宗)'이라고 하였다. 따라서 소의경전이 『금강경』인 것은 당연하다고 할 것이다.

자, 이제 경전으로 돌아가 보자.
『금강경』 제10. 「장엄정토분(莊嚴淨土分)」에서는 부처님이 시작부터 당신의 경험담을 내놓으신다. 석가모니불이 과거 전생에 연등불(燃燈佛) 아래에서 보살로서 수행했다는 이야기는 유명하다. 그때의 인연으로 아내인 야소다라(Yasodharā, 耶輸陀羅)를 만났고, 연등불로부터 수기(授記) 받은 대로 출가하여 많은 중생을 제도하였으며, 성불에 이르렀다. 그런데 이제 와서 수보리에게 자신이 과거에 법을 얻은 적이 있는지를 묻는다.

결론부터 말하자면, 이것은 깨달은 이에게는 무언가 '얻었다'라고 하는 상(相)이 없음을 알려주고자 하는 의도된 질문이다. 또한, 이어지는 내용에서는 보살이 세상을 장엄한다 해도 실제 그들에게는 장엄했다는 자부심이 없다고 하였다.

그에 대한 표현을 두고, 수보리 존자는 불국정토를 장엄한다는 것이 실제로는 장엄한 것이 아니며, 단지 그 이름이 장엄일 뿐이라고 설명한다. 여기서 말하는 불국정토는 물리적인 공간만이 아니라, 마음의 상태를 가리킨다. 진정한 장엄은 물질적인 것이 아니라, 마음의 청정함에서 비롯된다는 것이다. 나아가 마음이 청정하면 세계도 맑아진다. 이것이 바로 진정한 불국정토의 장엄이며, 정토 건설에 대해 상을 갖지 않은 자가 참된 보살이라는 설명이다.

진정한 장엄은 외적인 꾸밈이 아니라, 내면의 청정함에서 시작된다. 이것을 거듭 강조하신 부처님은 형상·소리·향기·맛·감촉·관념에 집착하지 않고 청정한 마음을 일으켜야 한다고 말씀하셨다. 여기 나열한 것들(색·성·향·미·촉·법)은 모든 존재가 받아들이는 대상이다. 내 눈이 바라보는 형상, 내 귀가 듣는 소리, 내 코가 맡는 향기, 내 혀가 보는 맛, 내 피부가 느끼는 감촉, 내가 인지하는 모든 인식의 대상이 색·성·향·미·촉·법이기 때문이다.

부처님께서 이것을 강조하신 이유는 그 어떤 대상(사람만을 특정하는 것이 아닌 모든 만물)을 만나더라도 휘말리지 말고, 있는 그대로 바라보아 집착이 없어야 한다는 뜻에서이다. 부처님이 「장엄정토분」

에서 강조한 내용이 이것이다. 그리고 이 내용을 상징적으로 표현한 구절이 바로 "응무소주 이생기심(應無所住 而生其心)"이다. 앞서 말한 혜능 스님이 깨달았다는 대목이기도 하다.

「장엄정토분」에서 꼭 알아두어야 할 것이 하나 더 있다. 바로 '즉비(卽非)'라는 단어이다. 흔히 '즉비 논리'라고도 하는데, 이는 'A는 A가 아니다(非). 그 이름(是名)이 A다'라는 형식을 취한다. 『금강경』의 상용구인 셈이다.

예를 들면 이러하다.

'여래는 여래가 아니다. 그 이름이 여래다.'
'국토 장엄은 국토 장엄이 아니다. 그 이름이 국토 장엄이다.'
'여래의 몸은 여래의 몸이 아니다. 그 이름이 여래의 몸이다.'
'수미산은 수미산이 아니다. 그 이름이 수미산이다.'
'원영 스님은 원영 스님이 아니다. 그 이름이 원영 스님이다.'

이와 같은 방식이다. 모든 것에 대한 부정인 듯하지만, 부정하는 것이 중요한 게 아니다. 무엇에도 집착함이 없어야 한다는 것을 알려주기 위함이다. 형상에 대한 집착도, 관념에 대한 상도 내려놓게 만들기 위한 가르침이 담긴 석가모니 부처님만의 독특한 화법이라고 볼 수 있겠다.

자, 경전의 앞쪽으로 다시 돌아가 상기해 보자.
수보리 존자가 "최상의 깨달음에 대한 마음을 일으킨 자는 어떻게 머물며, 어떻게 그 마음을 다스려야 합니까?"라고 부처님께 여쭈었다. 어떻게 머물러야 하는지 여쭈었는데, 글쎄 부처님은 머물지 말라고 대답하셨다. 즉 부처님의 속뜻은 이러하다. '아니, 머물지 말고 마음을 내야지. 어디에 머무는 건 집착이잖아!'

최상의 깨달음에 대한 마음을 일으킨 이라면 당연히 머무는 바가 없어야 한다. 집착하지 말고, 상 내지 말라는 것이다. 그런데 그것으로 끝이면 평이하게 좋겠지만, 『금강경』은 거기에 머물지 않는다. 다시 마음을 일으켜야 한다고 설한다. 자신을 특정한 틀에 가두지 말고, 어딘가에 구속됨 없이 마음을 일으키라고 말이다. **머무는 바 없이 마음을 일으키라고. 대상에 휘둘려서 생긴 마음이 아니라, 그 어떤 대상에도 관계없이 주인이 되는 길을 설한다.** 결국 우리가 할 일은 자애와 연민의 마음을 내어 살아 있는 모든 것들을 포용해야 한다는 전제가 깔린 듯하다. 한 사람, 한 사람은 모두의 일부니까.

어디서 읽었는지는 기억이 나지 않지만, 내 노트에 이런 이야기가 적혀 있다. 할아버지와 손자의 대화다. 할아버지가 손자에게 말하기를, "내 마음속에 지금 전쟁이 벌어지고 있단다. 늑대 두 마리의 싸움이지. 한 마리는 못되고 미움이 많고 공격적이고 화도 잘 내고 매우 교만하기까지 해. 그런데 다른 한 마리는 착하고 유연하고 친절하고 너그럽고 마음이 열려 있단다." 그랬더니 손자가 할아버지에게 묻는다. "누가 이길까요?" 이럴 때, 여러분이라면 뭐라고 답할 것인가? 착한 늑대? 아니면 나쁜 늑대?

할아버지의 대답은 뜻밖이다.

"네가 먹이를 더 많이 주는 놈이 이기지."

지혜를 나누면 복이 된다

◎

제11. 무위복승분

無爲福勝分 第十一
무 위 복 승 분 제 십 일

須菩提 如恒河中所有沙數 如是沙等恒河 於意云何
수보리 여항하중소유사수 여시사등항하 어의운하

是諸恒河沙 寧爲多不 須菩提言 甚多 世尊 但諸恒河
시제항하사 영위다부 수보리언 심다 세존 단제항하

尙多無數 何況其沙 須菩提 我今實言 告汝
상다무수 하황기사 수보리 아금실언 고여

若有善男子善女人 以七寶
약유선남자선여인 이칠보

滿爾所恒河沙數三千大千世界 以用布施 得福 多不
만 이 소 항 하 사 수 삼 천 대 천 세 계 이 용 보 시 득 복 다 부
須菩提言 甚多 世尊 佛告須菩提 若善男子善女人
수 보 리 언 심 다 세 존 불 고 수 보 리 약 선 남 자 선 여 인
於此經中 乃至受持四句偈等 爲他人說 而此福德
어 차 경 중 내 지 수 지 사 구 게 등 위 타 인 설 이 차 복 덕
勝前福德
승 전 복 덕

제11. 무위 복이 수승하다

"수보리야, 저 항하(恒河)의 모래 수(數)처럼 많은 항하(강)가 있다면, 그대의 생각은 어떤가? 이렇게 많은 항하에 있는 모래 수가 얼마나 많겠는가?"

수보리가 대답하였다.

"아주 많습니다. 세존이시여, 그 모든 항하만 하여도 매우 많은데, 하물며 그 여러 항하의 모래 수이겠습니까?"

"수보리야, 내가 이제 진실한 말로서 그대에게 이르노니, 어떤 선남자 선여인이 저 많은 항하의 모래 수같이 많은 삼천대천세계에 가득한 칠보를 가지고 보시하였다면 그의 복덕(福德)이 얼마나 많겠는가?"

수보리가 대답하였다.

"매우 많습니다. 세존이시여."

부처님께서 수보리에게 말씀하셨다.

"만일 선남자나 선여인이 이 경에서 사구게(四句偈)만이라도 받아 지녀서 다른 사람에게 설명해 준다면(受持爲他人說) 그 복덕은 앞에서 칠보로 보시한 복덕보다 훨씬 더 수승(殊勝)하다."

●

"마침내 나는 더 이상 어리석어지지 않는다."

헝가리 수학자 에르되시(Paul Erdős, 1913~1996)는 생전에 이런 묘비명을 썼다고 한다. 연구하면 할수록 아는 것보다 모르는 것이 훨씬 더 많다는 것을 느꼈기에 이런 글을 남겼다. 결국 앎은 양의 문제가 아니라 지혜로 귀결되니까. 그는 평생 1,500편에 달하는 엄청난 양의 수학 논문을 저술하였는데, 함께하는 공동 연구를 즐겨서 수백 명의 수학자들과 만나 함께 논문을 쓰던 사교적인 수학자였다.

이 이야기를 꺼낸 이유는 따로 있다. 우리가 수 세기를 거쳐오면서 발전해 온 현대과학이 발견하고 풀어낸 것은 고작 우주의 4퍼센트밖에 되지 않는다고 한다. 그런데 그 옛날 부처님께서는 우주를 구성하는 원리를 깨쳐서 이미 우리에게 상세히 알려주셨다. 그것은 우주가 이루어지고 유지되다가 변형을 일으켜 무너지고 흩어지는 원리로, 생주이멸(生住異滅) 또는 성주괴공(成住壞空)으로 설명하였다. 그리고 이는 소우주(小宇宙)라고 할 수 있는 인간을 비롯한 모든 중생의 생성과 소멸, 즉 '생로병사'로 이입할 수 있다. 부처님은 이것을 연기(緣起)의 개념으로 설하셨고, 여러 방편으로 제자들이 이해할 수 있도록 가르쳐주셨다. 이는 단 하나의 오차도 없는 진리요, 완전무결한 원리다. 그러므로 불교는 과학을 포함한다고 말할 수 있는 것이다.

예를 들어, 아인슈타인 같은 대과학자도 불교가 현대과학의 요구에 가장 잘 부합하는 종교라고 여러 차례 밝힌 바 있다. 그는 불교를 단순한 종교가 아닌, 우주와 인간에 대한 연계성을 바탕으로 한 포괄적인 접근법을 가진 종교로 보았기 때문이다. 불교를 두고 '우주적 종교(cosmic religion)'라고 말한 이유이기도 하다.

이와 같이 불교는 인간은 물론 생명 있는 존재들, 그리고 우주까지도 포함한 진리의 내용을 담고 있다. 그러한 지혜의 가르침을 나누는 것이 금은보화나 온갖 재물로 보시하는 것보다 더 큰 복을 준다고 『금강경』에서는 여러 차례 강조한다.

그래도 보통은 보시(布施)를 권하거나 나눔을 이야기할 때, 재물을 나누는 보시가 가장 대표적으로 꼽히긴 한다. 보시란 자신이 가진 것을 남에게 베푸는 행위로, 실질적으로 남을 돕는 것을 목적으로 하기 때문이다. 하지만, 베푸는 이의 입장에서는 자신의 탐욕과 이기심을 없애는 데 보시가 특효약이다. 자신의 들끓는 번뇌와 욕심까지도 없애기 위한 실천이 '나눔'이기 때문이다.

보시하는 방법에는 세 가지가 있다. 첫째는 물질적인 것을 필요한 사람에게 베푸는 재시(財施), 둘째는 부처님의 가르침이나 지혜를 전해 주는 법시(法施), 셋째는 마음을 편하게 하여 두려움과 고통으로부터 구제해 주는 무외시(無畏施)이다.

보시	자신이 가진 것을 타인에게 베푸는 행위
재시(財施)	물질적인 것을 필요한 사람에게 베푸는 행위
법시(法施)	부처님의 가르침이나 지혜를 전하는 행위
무외시(無畏施)	두려움과 고통으로부터 구제해 주는 정신적인 베품

재시는 알다시피 금전적으로 가치가 있는 것을 나눔으로써 어려운 이들을 살리는 것이다. 이는 각자의 상황과 능력에 맞게 실천하면 된다. 그리고 재물을 보시하면서 집착을 내려놓을 수 있게 되면, 지혜의 눈을 뜨게 된다는 원리로도 이해할 수 있다. 그뿐만 아니라, 재

시는 단순히 물질적인 것을 나누는 것을 넘어서 자비와 지혜를 바탕으로 한 이타적 실천의 기본이라고 할 수 있다. 어떤 보시든 간에 그것을 행할 때는 어떤 집착도, 상도 없는 '무주상(無住相)'의 원리를 바탕으로 실천해야 한다. 특히 그것이 돈이나 물건인 경우에는 무엇을 준다는 생각도 없어야 하고, 그것을 다시 돌려받을 생각도 없어야 더 가치가 있다.

법시는 부처님의 가르침이나 지혜, 그리고 자신이 아는 지식을 전하여 상대를 정신적으로 이롭게 하는 것을 말한다. 『금강경』에서는 지혜의 가르침을 나누는 것이 재물을 나누는 것보다 훨씬 더 가치 있는 것으로 평가했다. 강가의 모래알만큼이나 많은 보석으로 남을 위해 보시한다 해도 부처님 말씀, 사구게(四句偈) 하나를 전하는 것이 더 큰 복이 된다. 세간의 부귀영화보다 청정한 말씀 한 구절이 더 귀한 법이라는 뜻이다.

그럼, 왜 그럴까?

부처님의 가르침은 괴로움의 나날을 보내고 있는 중생들에게 괴로움에서 벗어나는 길을 알려주셨기 때문이다. 부처님은 올바른 세계관과 존재관을 알려주셨다. 그 모든 설법이 어리석은 중생으로 하여금, 깨달음의 지혜를 열게 해준다. 쉽게 말해 왜곡된 시각으로 세상을 바라보지 말 것, 고정불변하는 것들은 어차피 존재하지 않으므로, 거기에 집착하지 말 것 등의 가르침이다. 그것을 연기, 삼법인, 사성제 등 여러 형태의 불교 교리로 설하셨고, 수많은 경전에 그 내용이 담겨 있다. 그러므로, 이것을 나누는 것이야말로 사람을 살리는 일이 되는 셈이다.

생각해 보면, 복이라는 것은 사람마다 느끼는 기준이 다른 것 같다. 어떤 사람은 따뜻한 밥 한 그릇에도 복이 있다고 느끼고, 어떤 사람은 진수성찬을 차려주어도 복 타령하며 투정할 수도 있으니까. 금은보화로 복 짓는 일과 경전의 말씀으로 지혜를 나누는 일이 다른 차원의 일로 보이지만, 사실 수행자의 입장에서 보면 지혜를 나누는 일이 훨씬 더 복이 될 수 있다. 왜냐하면, 우리의 목표는 결국 깨달음의 지혜를 얻는 것이기 때문이다. 그러한 부처님의 말씀을 나누어 번뇌를 제거하도록 도와주는 일은 당연히 금은보화로 보시하는 것보다 훌륭한 일인 것이다.

우리는 흔히 자식 교육, 특히 학교 공부에 대한 동기를 부여하고 자율성을 기르기 위한 방편으로 '배워서 남 주냐'라는 말을 툭툭 던지곤 한다. 하지만 **모든 공부는 배워서 남을 줘야 한다고 나는 생각한다. 그중에서도 진짜 배워서 남을 주는 최고의 공부가 있다. 바로 부처님의 가르침[法]을 깨치는 공부, 지금 여러분이 하고 있는 경전 공부가 바로 잘 배워서 남을 주기 위한 공부다.** 제대로 알아서 남에게 알려주면 더할 나위 없이 좋을 것이다. 그것이야말로 법시를 행하는 일이다. 그러니까 어렵더라도 책을 덮지 말고 끝까지 가보도록 하자.

마지막으로 무외시는 두려움과 공포로부터 빠져나올 수 있도록 도와주는 정신적인 베풂이다. 다른 이의 두려움을 없애주면 자비로운 눈[愛眼]을 얻게 된다고 한다. 지금의 지구촌이 무엇보다 무외시가 필요한 상황이 아닌가 싶다. 어느 시대, 어느 사회나 괴롭지 않은 중생은 없다지만, 물질문명이 발달할수록 상대적 빈곤은 더해지고, 대립과 갈등도 더욱 심해지니 하는 말이다.

어쨌든 모든 것이 허망한 줄 알기에 집착하지 않을 수 있고, 세상을 향해 자비로운 마음을 일으킬 수 있는 것 아니겠는가. 서로에게 힘이 되는 삶의 태도를 지니고 사는 것이야말로 불교의 참된 가르침이자, 나아가 모든 종교가 추구해야 할 궁극의 진리라고 할 수 있겠다.

올바른
가르침의 힘

◎

제12. 존중정교분

尊重正敎分 第十二
존중정교분 제십이

復次須菩提 隨說是經 乃至四句偈等 當知此處
부차수보리 수설시경 내지사구게등 당지차처
一切世間天人阿修羅 皆應供養 如佛塔廟 何況有人
일체세간천인아수라 개응공양 여불탑묘 하황유인
盡能受持讀誦 須菩提 當知是人 成就最上第一希有之法
진능수지독송 수보리 당지시인 성취최상제일희유지법
若是經典所在之處 卽爲有佛 若尊重弟子
약시경전소재지처 즉위유불 약존중제자

제12. 바른 가르침을 존중하다

"수보리야, 다시 말하건대, 어디서든 이 경을 해설하되, 단지 사구게만 설하더라도 온 세계의 천인과 사람과 아수라가 모두 부처님 탑(塔)에 공양하는 것과 같이 해야 한다. 하물며 어떤 사람이 정성을 다해 끝까지 받아 지니고 읽거나 외운다면 어떻겠는가. 수보리야, 이 사람은 가장 높고 으뜸가는 희유한 법을 성취하게 될 것임을 알아야 한다. 이 경전이 있는 곳이라면, 부처님과 부처님의 거룩한 제자들이 함께 있는 곳이 된다."

●

『금강경』을 읽다 보면 마음이 한껏 자유로워진다. 왜냐고? 그것은 다 이 경전이야말로 정신적 대자유를 얻는 법을 가르쳐주기에 그렇다. 『금강경』에 매료되는 순간, 당신도 내가 하는 말의 뜻에 금세 공감할 것이다.

　『금강경』을 이해하기 이전의 나는 흐르는 강물이 산보다 더 높이 올라갈 수 있다고 생각할 수 없었다. 강물은 그저 더 넓은 바다로만 흘러간다고 생각했다. 산은 높기에 산이고, 물은 낮은 곳으로 흐르는 것이 당연하다고만 믿었다. 표면적으로 눈에 보이는 것이 고정불변의 법칙처럼 그리 보였기 때문이고, 바라보는 이의 관점에서는 생각까지도 그 틀을 벗어날 수 없었기 때문이다.

사실 알고 보면 이것은 모두 중고등학교를 다닐 때 배운 것들이다. 지금 생각하면 왜 몰랐을까 싶다. 강물이건 바닷물이건 수증기로 바뀌면, 백두산보다도 더 높이 올라갈 수 있는 원리를 말이다. 저 높은 곳에서 구름은 다시 비가 되고 눈이 되어 세상을 적시는 이치를 말이다. 환경과 기후가 원인이 돼서 또 다른 풍경을 만들어내는 과정을 여기 불교에서도 찾을 수 있다.

이것이 비단 물에서만 일어나는 현상일까? 그렇게 생각한다면, 천만의 말씀! 그것은 이미 당신의 뇌에 고정관념이 작용해 버린 것이다. 『금강경』은 우리에게 어떤 모습으로든지 바꿀 수 있고, 다 버릴 수도 있음을 가르쳐준다. 모든 것이 인연 따라 생기고, 인연 따라 소멸한다는 것을 통해 알 수 있는 것들이다. 분별함이 없는 눈으로 바라보면 세상과 존재를 통찰하여 파악할 수 있다. 그런 통찰의 힘은 낱낱의 정체를 끝까지 추구해 갈 수 있고, 그 끝에서 모든 것이 공(空)하다는 사실을 발견할 수 있다.

이렇게 귀한 가르침을 주는 경전이니, 남에게 알려주는 것만으로도 큰 복이 되는 것이다. 부처님 말씀 한 구절만으로도 누군가의 인생에 큰 변화가 생기기 때문이다. 환경이 맞아떨어져 때가 되면 꽃이 피고, 꽃이 피면 향기로워지듯, 고통의 원인을 알아 벗어날 수 있음을 알아차리게 된다. 또한 바람 불면 머지않아 꽃잎이 떨어지는 것처럼, 무상한 변화 속에서 걸림 없는 자유를 체득할 수 있게 된다. 그것이 바로 시절 인연이다. 이러한 이치를 알고 나면 마음에 자유가 찾아온다. 그러면 자기 인생을 가로막는 장애까지도 자연스레 사라지게 된다.

제12.「존중정교분(尊重正教分)」은 경전 구절을 알려주는 것만으로도 얼마나 큰 복이 되는지 알려줌과 동시에 『금강경』의 성립 배경에 대해서도 알려준다. 여기에 '불탑(佛塔, Stūpa)'이라는 단어가 등장하기 때문이다. 불탑은 부처님이 열반에 든 뒤 사리(舍利)를 나누기 위해 조성되었으나, 세월이 흐른 뒤에는 많은 불자가 모여서 부처님께 정성껏 공양을 올리는 곳이기도 하다. 현재 우리나라에도 사찰마다 수많은 불탑이 존재하지만, 그 형태가 인도와는 다르다. 중국을 거쳐 우리나라로 전해져 오는 사이, 불탑은 그 양식도 크기도 용도도 달라졌기 때문이다.

인도에서의 초기 불탑은 부처님의 유골[생신사리(生身舍利)]을 모신 곳이었다. 부처님이 계시지 않는 세상에서는 당연히 불탑이 참배의 대상이 되었다. 그러다가 후대로 가면서 불자들은 부처님의 유골

대신 경전[법신사리(法身舍利)]을 모시고 탑을 건립하여 불탑으로 모셨다. 경전 자체가 불사리(佛舍利)의 역할을 대신하게 된 것이다.

이것이 사상적으로 잘 드러난 경전이 바로 『금강경』이다. 특히 제12.「존중정교분」에서는 경전이 있는 곳이 부처님과 불제자들이 계신 곳, 즉 불탑이 된다고 했다. 실제로 절에서 불상을 만들어 모실 때, 부처님 복장(腹藏)으로 『금강경』을 넣는 경우가 많다.

말하자면 불탑 안에서 경전을 독송하고 이해하는 것이 매우 중요했다. 따라서 『금강경』 한 구절만이라도 배우고 익혀서 전하는 것이 그 무엇보다도 공덕을 쌓는 일이라고 강조한다. 경전 내용을 다른 사람에게 말해 주는 것이 금은보화를 주는 것보다 나은 일이며, 멋진 곳에서 공양을 대접하는 일보다도 공덕이 크다는 말이다. 『금강경』의 밝은 지혜가 밥보다도 돈보다도 낫다고 하니, 열심히 공부하여 전해 봐야겠다.

부처님 말씀 한 구절만으로도
누군가의 인생에 큰 변화가 생긴다.
환경이 맞아떨어져 때가 되면 꽃이 피고,
꽃이 피면 향기로워지듯, 고통의 원인을 알아
벗어날 수 있음을 알아차리게 된다.

또한 바람 불면 머지않아 꽃잎이 떨어지는 것처럼,
무상한 변화 속에서 걸림 없는 자유를
체득할 수 있게 된다. 그것이 바로 시절 인연이다.
이러한 이치를 알고 나면 마음에 자유가 찾아온다.
그러면 자기 인생을 가로막는 장애까지도
자연스레 사라진다.

이름에
갇히지 마라

◎

제13. 여법수지분

如法受持分 第十三
여 법 수 지 분   제 십 삼

爾時 須菩提 白佛言 世尊 當何名此經 我等 云何奉持
이 시 수 보 리 백 불 언 세 존 당 하 명 차 경 아 등 운 하 봉 지

佛告須菩提 是經 名爲金剛般若波羅蜜 以是名字
불 고 수 보 리 시 경 명 위 금 강 반 야 바 라 밀 이 시 명 자

汝當奉持 所以者何 須菩提 佛說般若波羅蜜
여 당 봉 지 소 이 자 하 수 보 리 불 설 반 야 바 라 밀

卽非般若波羅蜜 是名般若波羅蜜 須菩提 於意云何
즉 비 반 야 바 라 밀 시 명 반 야 바 라 밀 수 보 리 어 의 운 하

如來有所說法不 須菩提 白佛言 世尊 如來無所說
여래유소설법부 수보리 백불언 세존 여래무소설

須菩提 於意云何 以三千大千世界 所有微塵 是爲多不
수보리 어의운하 이삼천대천세계 소유미진 시위다부

須菩提言 甚多 世尊 須菩提 諸微塵 如來說非微塵
수보리언 심다 세존 수보리 제미진 여래설비미진

是名微塵 如來說世界 非世界 是名世界 須菩提
시명미진 여래설세계 비세계 시명세계 수보리

於意云何 可以三十二相 見如來不 不也 世尊
어의운하 가이삼십이상 견여래부 불야 세존

不可以三十二相 得見如來 何以故 如來說三十二相
불가이삼십이상 득견여래 하이고 여래설삼십이상

卽是非相 是名三十二相 須菩提 若有善男子善女人
즉시비상 시명삼십이상 수보리 약유선남자선여인

以恒河沙等身命 布施 若復有人 於此經中
이항하사등신명 보시 약부유인 어차경중

乃至受持四句偈等 爲他人說 其福甚多
내지수지사구게등 위타인설 기복심다

제13. 여법하게 받아 지녀라

그때에 수보리가 부처님께 말씀드렸다.

"세존이시여, 이 경의 이름을 무엇이라고 하며, 저희들이 어떻게 받들어 지녀야 합니까?"

부처님께서 수보리에게 말씀하셨다.

"이 경의 이름은 '금강반야바라밀'이니, 이 이름으로 그대들은 받아 지녀라. 왜냐하면 수보리야, 여래가 말한 '반야바라밀'은 곧 '반야바라밀'이 아니고, 그 이름이 '반야바라밀'일 뿐이기 때문이다.

수보리야, 그대는 어떻게 생각하는가? 여래가 법을 설한 적이 있는가?"

수보리가 대답하였다.

"세존이시여, 여래께서는 법을 설한 적이 없습니다."

"수보리야, 그대는 어떻게 생각하는가? 삼천대천세계에 있는 모든 티끌[微塵]의 수를 많다고 하겠는가?"

수보리가 대답하였다.

"매우 많습니다. 세존이시여."

"수보리야, 여래는 이 모든 티끌은 티끌이 아니고, 그 이름이 티끌이라고 한다. 여래가 말한 세계도 또한 세계가 아니고 그 이름이 세계일 뿐이다.

수보리야, 그대는 어떻게 생각하는가? 삼십이상으로써 여래를 볼 수 있는가?"

"아닙니다. 세존이시여, 삼십이상으로는 진정한 여래를 보지 못합니다. 왜냐하면 여래께서 말씀하신 삼십이상은 곧 진정한 상(相)이 아니고, 그 이름이 삼십이상일 뿐이기 때문입니다."

"수보리야, 어떤 선남자 선여인이 항하의 모래 수같이 수많은 목숨을 바쳐 널리 보시한다고 하더라도, 또 다른 어떤 사람이 이 경에서 사구게 하나만이라도 받아 지니고 남을 위해 설명해 주었다면 그 복이 훨씬 더 많은 것이다."

●

세상을 살아가면서 우리는 수많은 인연을 맺는다. 또 인연을 끊기도 한다. 인연을 맺을 때 가장 먼저 접하게 되는 것이 상대의 외모다. 외모는 중요하지 않다고, 다 필요 없다고 말하기도 하지만, 나도 살아보니 외모도 중요하게 작용하는 측면이 있긴 하다.

'관상은 과학'이라는 말을 곧잘 하는 지인이 있다. 그런 말을 들을 때마다 나는 그냥 피식 웃어버리곤 하는데, 일리가 없지 않다고 여긴다. 그러나 관상만으로 길흉을 점친다면 그건 옳지 않다. 누가 뭐래도 관상보단 심상이 중요한 법이다.

내가 사는 암자의 부처님은 젊은 시절의 부처님 모습을 조각한 형상이라 인물이 아주 좋다. 고찰(古刹)에서 볼 수 있는 허리 꾸부러진 연로하신 부처님은 한없이 자비롭게만 느껴지는 데 비해, 우리 부처님은 기상이 늠름하여 당차고 듬직하다.

『금강경』 제13. 「여법수지분(如法受持分)」에서는 먼저 이 경전의 명칭이 정해지는 과정에 대해 나온다. '금강반야바라밀(金剛般若波羅蜜)'이다. 금강 같은 반야지혜의 완성을 의미하는 이름이다. 이런 이름을 붙인 이유는 반야바라밀을 말씀하신 부처님도, 반야바라밀의 내용(상을 내지 말라는 가르침이 담긴 지혜)도 모두 공한 것이어서, 또렷이 이렇다고 할 만한 것이 아니고, 그저 그 이름이 '반야바라밀'일 뿐이라는 내용이다. 특히나 이름 붙이기를 싫어하는 『금강경』의 특징이 거듭 드러나는 대목이 아닐 수 없다.

이것을 강조하기 위해 부처님은 당시 인도 땅에 있는 강줄기 숫자와 그 강의 모래 이야기를 꺼낸다. 모래가 얼마나 많은지, 먼지가 얼마나 많은지, 그 이름이 맞는지 등등이다. 삼천대천세계(三千大千世界, 불교의 우주관)에 있는 수많은 티끌과 먼지의 수조차도 다만 하나의 이름에 지나지 않음을 알려주기 위함인 것이다. 이뿐만 아니라, 부처님의 신체적 특징으로 불리는 서른두 가지 모습[삼십이상(三十二相)]을 들어 그의 진실 여부를 가린다. 이 또한 이름일 뿐인가 하고 말이다.

그 옛날 인도에서는 위대한 인물(전륜성왕이나 부처님)이 세상에 나오면 특별한 모습일 것이라고 생각했다. 용맹함과 위대함, 성스러움과 복덕 등을 상징적으로 나타내는, 이른바 좋은 관상의 끝판왕이라고 할 수 있는 삼십이상에는 다음과 같은 특징이 있다.

삼십이상의 주요 특징

1. 발바닥이 땅에 안착한 평발
2. 발바닥에 형태(천 개의 살과 테와 바퀴)가 완벽한 수레바퀴 모양이 있음
3. 넓고 원만한 발뒤꿈치
4. 기다란 손가락
5. 부드럽고 유연한 손과 발
6. 손가락과 발가락 사이에 얇은 막이 있음
7. 복사뼈가 돌출된 발
8. 사슴과 같은 장딴지
9. 똑바로 서서 구부리지 않아도 무릎에 닿는 손
10. 몸속에 감추어진 성기
11. 황금빛
12. 섬세하고 부드러운 피부에 때가 끼지 않음
13. 몸의 털이 뭉치지 않고 제각기 하나씩 털이 있는 모습
14. 털이 모두 위로 향해 있고, 푸르고 검은색이며 오른쪽으로 돌아 있음

15. 넓고 곧고 단정한 몸매

16. 일곱 군데(두 손바닥, 두 발바닥, 두 어깨, 목)가 풍만한 모습

17. 사자와 같은 몸

18. 양어깨 사이에 패인 곳 없이 충만한 어깨

19. 니그로다 나무처럼 몸의 둘레가 균형이 잡혀 있음

20. 편편하고 곧은 등

21. 탁월한 맛을 느끼는 미각

22. 사자와 같은 턱

23. 마흔 개의 치아

24. 평평하고 가지런한 치아

25. 간격 없이 고른 치아

26. 희고 빛나는 치아

27. 넓고 긴 혀

28. 가릉빈가 새처럼 아름다운 목소리

29. 깊고 푸른 눈

30. 황소 같은 속눈썹

31. 미간에 희고 부드러운 솜털

32. 머리 위에 솟은 육계

(『맛지마 니까야』 91)

이를 통해 알 수 있는 것을 정리하자면 다음과 같다.

일단 부처님은 평발이었고, 발바닥에 수레바퀴 무늬가 있었으며, 손가락과 발가락이 길고 가늘며, 그 사이마다 얇은 막이 있었다. 몸에는 금빛 아우라가 찬란했으며, 피부는 맑고 부드럽고, 검푸른 눈동자에 소처럼 긴 속눈썹이 아름다웠다. 이마 중앙에는 백호(白毫)라 불리는 흰 털이 있었고, 정수리에는 둥글게 솟은 육계(肉髻, 상투 모양의 혹)가 있었다.

이런 관상은 부처님 이전에도, 이후에도 없었다. 특이하다. 중요한 것은 삼십이상은 단순히 외형적 특징을 말하는 것이 아니라, 수행과 공덕의 결과를 나타낸다는 점이다. 반야바라밀이 내적 수행의 완성을 가리키는 상징적 언어라면, 삼십이상 역시 수행의 완성을 표현하는 외적인 모습인 셈이다. 진리의 모습을 외형적 특징으로 표현한다면 이런 모습이 아니겠는가. 이 정도로 이해하면 좋겠다.

그런데 부처님은 이러한 모습을 갖춘 것에 대해 깡그리 무시하는 말씀을 하신다. 삼십이상을 갖추었기 때문에 여래가 된 것이 아니라면서 말이다. 깨달은 자신에 대해서도 분별하는 것을 용납하지 않으셨다. 그러니 삼십이상을 통해 여래를 보지 말라고 단호하게 말씀 하신다. 분별하는 생각을 만들지도 말고, 분별심을 내지 말라고 가르치는 사람조차도 분별하는 마음으로 바라보지 말라는 것이다.

부처님은 완전 짱 멋쟁이시다!

그럼, 다시 앞으로 돌아가서 읽어보자. 제13분은 내용이 조금 많아서 정리가 필요하다.

먼저 '반야바라밀'이라고 경의 이름을 정했다. 다음은 여래가 설한 법이 있다는 상을 내지 말라는 내용이었다. 여래는 법을 설한 적이 없다? 왜일까? 그것은 설했다는 생각의 집착이 없기 때문이다. 따라서 『금강경』을 공부하는 우리들 또한 여래가 설한 법이 있다는 상을 가져서도 안 되고, 법을 들었다는 생각을 가질 필요도 없다. 어려운 일이지만, 일단 내용상으로는 그러하다.

그다음은 세계를 구성하는 것들에 대해서도 고정관념을 가져선 안 된다고 했다. 이 세상은 티끌이나 먼지로 만들어진 물질세계임을 알려주는 대목이기도 하다. 아무리 큰 물질도 잘게 쪼개보면 한낱 티끌에 불과하다. 저 큰 설악산 바윗돌도 쪼개면 아주 작은 형태로 만들 수 있다. 그렇게 삼천대천 물질세계도 모두 쪼개볼 수 있다. 그러나 그렇게 해본들 '공'한 이치밖에 드러나지 않는다는 것이다.

생각해 보면 모든 것은 다 이름 짓기일 뿐이다. 사물도, 상황도 분별해서 우리가 마음 가는 대로 이름을 붙인 것에 불과하다. 각각 분별하여 이름을 붙이기 전에는 그냥 정체불명의 것들에 지나지 않았는데 말이다. 모든 것이 이름에 지나지 않으며, 이는 다 인연으로 인하여 생

긴 허상일 뿐임을 알아야 한다.

이어지는 설명은 삼십이상을 갖추었다고 해서 여래라고 생각하지 말라는 내용이었다. 중생이 보는 부처님의 모습은 그저 중생의 눈에 상응한 인연의 형상일 뿐이다. 모든 형상이 허망한 줄 알면 진정한 법신(法身) 부처님을 만날 수 있다는 것이다.

그리고 나머지는 상을 갖지 말라는 가르침을 담은 이 경전의 한 대목만이라도 남을 위해 설한다면 그 복이 어마어마하다는 내용으로 전개된다. 상을 없애야 본질을 볼 수 있으니, 그러한 가르침을 전하는 행위의 복덕이야 말할 것도 없다. 또 사구게라고 해서 이해하지 못할 심오한 명제를 담은 것은 아니다. 다만 사구게가 평범한 듯 보여도, 세상의 모든 일과 사물의 모든 이치가 담겨 있다. 결국 진리는 내 가까이, 평범한 것에 있는 것이다.

역경을 이겨내고
피는 꽃이 아름답다

◎

제14. 이상적멸분

離相寂滅分 第十四
이 상 적 멸 분   제 십 사

爾時 須菩提 聞說是經 深解義趣 涕淚悲泣 而白佛言
이시 수보리 문설시경 심해의취 체루비읍 이백불언

希有世尊 佛說如是甚深經典 我從昔來所得慧眼
희유세존 불설여시심심경전 아종석래소득혜안

未曾得聞如是之經 世尊 若復有人 得聞是經 信心淸淨
미증득문여시지경 세존 약부유인 득문시경 신심청정

卽生實相 當知是人 成就第一希有功德 世尊 是實相者
즉생실상 당지시인 성취제일희유공덕 세존 시실상자

卽是非相 是故 如來說名實相 世尊 我今得聞如是經典
즉시비상 시고 여래설명실상 세존 아금득문여시경전

信解受持 不足爲難 若當來世 後五百歲 其有衆生
신해수지 부족위난 약당내세 후오백세 기유중생

得聞是經 信解受持 是人 卽爲第一希有 何以故 此人
득문시경 신해수지 시인 즉위제일희유 하이고 차인

無我相 無人相 無衆生相 無壽者相 所以者何 我相
무아상 무인상 무중생상 무수자상 소이자하 아상

卽是非相 人相衆生相壽者相 卽是非相 何以故
즉시비상 인상중생상수자상 즉시비상 하이고

離一切諸相 卽名諸佛 佛告須菩提 如是如是 若復有人
이일체제상 즉명제불 불고수보리 여시여시 약부유인

得聞是經 不驚不怖不畏 當知是人 甚爲希有 何以故
득문시경 불경불포불외 당지시인 심위희유 하이고

須菩提 如來說第一波羅蜜 卽非第一波羅蜜
수보리 여래설제일바라밀 즉비제일바라밀

是名第一波羅蜜 須菩提 忍辱波羅蜜
시명제일바라밀 수보리 인욕바라밀

如來說非忍辱波羅蜜 是名忍辱波羅蜜 何以故 須菩提
여래설비인욕바라밀 시명인욕바라밀 하이고 수보리

如我昔爲歌利王 割截身體 我於爾時 無我相 無人相
여아석위가리왕 할절신체 아어이시 무아상 무인상

無衆生相 無壽者相 何以故 我於往昔節節支解時
무중생상 무수자상 하이고 아어왕석절절지해시

若有我相人相衆生相壽者相 應生瞋恨 須菩提
약유아상인상중생상수자상 응생진한 수보리

又念過去於五百世 作忍辱仙人 於爾所世 無我相
우념과거어오백세 작인욕선인 어이소세 무아상

159

無人相 無衆生相 無壽者相 是故 須菩提 菩薩
무인상 무중생상 무수자상 시고 수보리 보살

應離一切相 發阿耨多羅三藐三菩提心 不應住色生心
응리일체상 발아뇩다라삼먁삼보리심 불응주색생심

不應住聲香味觸法生心 應生無所住心 若心有住
불응주성향미촉법생심 응생무소주심 약심유주

卽爲非住 是故 佛說菩薩 心不應住色布施 須菩提 菩薩
즉위비주 시고 불설보살 심불응주색보시 수보리 보살

爲利益一切衆生 應如是布施 如來說一切諸相 卽是非相
위이익일체중생 응여시보시 여래설일체제상 즉시비상

又說一切衆生 卽非衆生 須菩提 如來 是眞語者 實語者
우설일체중생 즉비중생 수보리 여래 시진어자 실어자

如語者 不誑語者 不異語者 須菩提 如來所得法 此法
여어자 불광어자 불이어자 수보리 여래소득법 차법

無實無虛 須菩提 若菩薩 心住於法 而行布施 如人
무실무허 수보리 약보살 심주어법 이행보시 여인

入闇 卽無所見 若菩薩 心不住法 而行布施 如人 有目
입암 즉무소견 약보살 심부주법 이행보시 여인 유목

日光明照 見種種色 須菩提 當來之世
일광명조 견종종색 수보리 당래지세

若有善男子善女人 能於此經 受持讀誦 卽爲如來
약유선남자선여인 능어차경 수지독송 즉위여래

以佛智慧 悉知是人 悉見是人 皆得成就 無量無邊功德
이불지혜 실지시인 실견시인 개득성취 무량무변공덕

제14. 상을 떠난 적멸

그때 수보리가 이 경전의 설하심을 듣고, 뜻을 깊이 깨달아 눈물을 흘리면서 부처님께 말씀드렸다.

"희유하십니다. 세존이시여, 부처님께서 이렇게 뜻이 깊은 경전을 설하신 것은 제가 이제까지 지혜의 눈[慧眼]을 뜬 이후로 일찍이 듣지 못하던 것입니다. 세존이시여, 만일 어떤 사람이 이 경을 듣고 믿음이 깨끗해지면 실상(實相)을 깨닫게 될 것입니다. 그 사람은 제일 희유한 공덕을 성취한 사람입니다. 세존이시여, 이 실상이라는 것은 곧 상(相)이 아닙니다. 그러므로 여래께서 설하시기를 '이름이 실상(實相)이다'라고 말씀하셨을 것입니다.

세존이시여, 제가 지금 이 경을 듣고 그대로 믿어 받아 지니기는 어렵지 않으나, 만일 앞으로 최후의 오백 세에 어떤 중생이 이 경을 듣고 그대로 믿어 받아 지닌다면, 그 사람이야말로 참으로 희유한 사람일 것입니다. 왜냐하면 그 사람은 아상·인상·중생상·수자상이 전혀 없기 때문입니다. 왜냐하면 아상도 상(相)이 아니고, 인상·중생상·수자상도 곧 상이 아니기 때문입니다. 그런 까닭에 일체의 상을 떠난 사람의 이름이 곧 부처님입니다."

부처님께서 수보리에게 말씀하셨다.

"그렇다. 그렇다. 만일 또 어떤 사람이 이 경을 듣고 놀라지도 않고, 겁내지도 않으며 두려워하지도 않는다면, 이 사람 또한 참으로 경이로운 사람인 줄 알아야 한다. 왜냐하면 수보리야, 여래가 말하는 제일바라밀(보시바라밀)은 곧 제일바라밀이 아니고, 그 이름이 제일바라밀이기 때문이다.

수보리야, 인욕바라밀(忍辱波羅蜜)도 여래는 인욕바라밀이 아니고, 그 이름이 인욕바라밀이라고 설했다. 왜냐하면, 수보리야, 내가 그 옛날 가리왕에게 몸을 갈기갈기 찢길 적에도 나는 아상도 없고 인상도 없고 중생상도 없고 수자상도 없었다. 왜냐하면, 내가 옛날에 몸을 찢길 적에 아상·인상·중생상·수자상이 있었더라면 분명 분노하며 원망하는 마음이 생겼을 것이기 때문이다.

수보리야, 또 저 옛날 여래가 오백 세 동안 인욕선인(忍辱仙人)이었던 때의 일을 생각하면 그때에도 아상·인상·중생상·수자상이 없었다. 그러므로 수보리야, 보살은 마땅히 모든 상(相)을 여의고 아뇩다라삼먁삼보리심을 일으켜야 한다. 형상에 머물지 말고 마음을 내야 하며, 소리와 냄새와 맛과 촉감과 그 외 어떤 것[法塵]에도 머물지 말고 마음을 내야 하나니, 마땅히 머무는 바 없이 마음을 낼지니라. 만일 마음에 머무는 바가 있으면 이것은 잘못 머무는 것이 된다. 그러므로 여래가 말하기를 '보살은 마음을 그 어떤 것에도 머물지 말고 보시해야 한다'라고 하였다. 수보리야, 보살들은 마땅히 일체중생을 이롭게 하기 위해 이와 같이 보시해야 한다.

여래가 설한 온갖 모양이 곧 모양이 아니며, 또한 온갖 중생이 곧 중생이 아니라고 한다.

수보리야, 여래는 참다운 말만 하는 자(者)이고, 진실한 말만 하는 자이며, 이치에 맞는 말만 하는 자이며, 거짓말하지 않는 자이며, 사실과 다른 말은 하지 않는 자이다. 수보리야, 여래가 얻은 법은 실다움도 없고, 헛됨도 없다(無實無虛).

수보리야, 만일 보살이 마음을 대상[法]에 머물러 보시하는 것은, 마치 어두운 곳에 있는 사람이 아무것도 보지 못하는 것과 같다. 만일 보살이 마음을 대상에 머물지 않고 보시한다면, 그것은 마치 눈 있는 사람이 햇볕이 밝게 비치면 온갖 사물을 분별하여 볼 수 있는 것과 같다.

수보리야, 오는 세상에 선남자 선여인이 이 경전을 받아 지니고 읽고 외운다면, 여래는 부처의 지혜로 이 사람에 대해 다 알고 다 보나니, 이 사람은 한량없고 가없는 공덕을 이룰 것이다."

해공제일(解空第一) 수보리 존자가 눈물을 흘린다. 앞서 여러 차례 반복적으로 설명하는 부처님의 말씀을 듣고 깨달아 감격하여 흘리는 눈물이다. 이는 또한 부처님께서 스스로 '삼십이상을 통해 나(여래)를 보지 말라'고 하신 말씀에 감동하여 흘리는 눈물이기도 하다. 삼십이상을 갖추었기 때문에, 여래가 된 것이 아니라고 하는 말씀은 다시 읽어보아도 너무 멋진 말씀이다. 생각해 보라. **잘생겼든 못생겼든 가죽한 꺼풀 벗기면 흉측하기는 매한가지다. 부처든 중생이든 누구라도 말이다. 얼굴에 배치된 이목구비와 형상을 보고서 미추를 결정하여 쓸데없이 마음을 일으키지 말라는 뜻이다.** 깨달은 당사자가 자신을 예로 들면서까지 이렇게 설명해 주시니, 제자로서는 그저 감개무량할 수밖에.

"어리석은 사람은 한평생 지혜로운 이를 섬기더라도 진리를 깨닫지 못한다."라는 말이 있다. 마치 맨날 입에 넣는 숟가락이 국 맛을 모르듯이 말이다. 부처님이 살아계시던 당시에도 모든 제자가 다 깨달은 것은 아니다. 성현들이 살아계시던 그 옛날에도 지금처럼 세상은 말세로 보였고, 제아무리 훌륭한 스승이 있다 해도 무지한 인간들은 가르침을 들으려 하지 않았다. 등잔 밑이 어두워도 한참 어두웠다. 부처님도 인연 없는 중생은 제도를 못한다고 하지 않던가.

어쨌든 상(相)을 없애야만 진리에 가까워질 수 있다. 부처님이 강조하는 말씀은 세상 사람들이 실제 있다고 믿는 모든 사물과 대상, 현상 등이 다 허상이라는 것이다. 그뿐만 아니라, 모든 것들을 바라보고 있는 '나'라고 하는 존재까지도 허상이라는 가르침이다. 모든 사물이나 존재 등은 스스로 존재할 수 없고, 혼자서 살아갈 수도 없기에 그러하다. 모든 것은 인연에 의해 이루어진 연기적 존재요, 연기적 산물이기 때문이다.

그러니까 보통 사람들은 사물을 있는 것으로 보지만, 깨달은 사람은 사물을 연기적 결합체로서 바라본다. 그것이 진짜 존재한다고 생각해서 뭔가 확실히 있는 것으로 보는 게 아니라, 다만 현상적인 결합체로서만 대상을 바라본다는 말이다. 따라서 여기에는 어떠한 상(相)도 남지 않는다. 보는 자가 있다고 하는 생각도 없으며, 구별하고 차별하는 마음도 없다. 그렇게 모든 상을 떠나 자유로운 사람이 바로 스스로 깨어난 자, 부처인 것이다.

'만일 또 어떤 사람이 이 경을 듣고 놀라지도 않고, 겁내지도 않으며 두려워하지도 않는다면, 이 사람은 희유한 사람이다.' 이 내용은 '상'을 버리라는 부처님의 말씀을 담은 경전에 대한 믿음을 이야기한다. **아무리 훌륭한 가르침일지라도 믿지 않으면 소용없다. 그런데, 놀라지도 않고 받아들이는 사람이라면 이미 진리를 받아들일 준비**

가 된 사람이라는 의미다. 깊은 잠에서 깨어나 정신 차릴 준비가 된 자이다. 그런 사람은 보시바라밀과 인욕바라밀에 대해서도 아무런 상이 없다.

먼저 '바라밀(波羅蜜)'이라는 단어부터 살펴보자. 산스크리트어인 파라미타(pāramitā)를 소리 나는 대로 한자로 옮긴 것이 바라밀, 정확하게는 바라밀다(波羅蜜多)다. 'pāramitā'의 'pāram'은 '저 언덕', 'itā'는 '건너가다'라는 의미를 지녔다. 이 뜻을 한자로 표기하면 '도피안(度彼岸)'이 된다. 도피안은 중생들이 고통과 번뇌로 가득한 삶에서 벗어나 고통 없는 깨달음의 세계에 이르는 것이다. 이는 자기 혼자 가는 것이 아니다. 고통이나 불행에 빠진 중생들과 함께 가고자 하는 '자비행'이 곁들여져 있다. 따라서 바라밀행(波羅蜜行)은 곧 보살행(菩薩行)이 된다.

보시바라밀은 탐욕과 이기심을 없앨 뿐만 아니라, 자신의 들끓는 번뇌와 욕심까지도 없애기 위한 실천행이라는 이야기를 앞에서도 했다. 그리고 그 보시를 하는 방법으로 세 가지가 있는데, 재물로 베푸는 재시(財施), 진리를 가르쳐주는 법시(法施), 두려움과 고통으로부터 구제해 주는 무외시(無畏施)가 있다. 반복 학습은 늘 중요하니까, 다시 상기해 보자.

한편, 인욕바라밀은 이기적인 생각에서 벗어나 상대를 연민의 마음으로 감싸고 포용하는 것을 말한다. 그러기 위해서는 우선 인욕(忍辱)해야 하는데, 여기서 말하는 인욕바라밀은 참아도 참는다는 생각을 내지 않고 참아내는 것을 말한다. 불교에서 말하는 인욕은 참을 수 있는 것은 물론이요, 자신의 힘으로 어쩔 수 없는 부끄러움까지도 다 참아내는 것인데, 나아가 참아낸다는 생각조차도 내지 않아야 진정한 인욕바라밀이 된다.

여기서 부처님은 오랜 전생에 인욕 수행을 하던 시절의 일화를 말씀하셨다. 그 내용은 다음과 같다. 부처님께서 어느 산중에서 인욕선인(忍辱仙人)으로 수행하고 있을 때의 일이다. 하루는 그 나라 가리왕(歌利王)이 후궁들과 함께 꽃구경을 나왔다. 점심을 먹은 뒤 노곤해진 가리왕은 잠이 들었다. 그 사이 후궁들은 꽃을 보며 거닐다가 고요히 선정(禪定)에 잠겨 있는 인욕선인을 우연히 발견하고 법문을 청해 들었다. 잠에서 깨어난 왕은 주변에 아무도 보이지 않자 화를 내며 주변을 찾아 헤매었다. 그리고 후궁들이 한 수행자의 말에 귀를 쫑긋 세우고 열심히 법문을 듣고 있는 모습을 보고 질투심에 분노가 폭발했다. 화가 난 가리왕이 선인에게 쏘아 물었다.

"그대는 여기서 무엇을 하고 있느냐?"

"저는 인욕 수행을 하고 있습니다."

"후궁들을 모아놓고 떠드는 것을 보니, 인욕 수행이 아니라 탐욕 수행이겠지. 어디 내가 너의 인욕을 시험해 보리라. 얼마나 잘 참는지 한번 보자."

질투에 눈이 먼 가리왕은 칼을 뽑아 선인의 귀를 잘랐다. 그런데 선인은 귀를 잘리고도 두려워하거나 화를 내지 않았다. 억지로 고통이나 화를 참는 기미조차 보이지 않았다. 그 모습은 왕을 더욱 불쾌하게 만들었다. '이것이 감히 나를 깔보고 무시하는구나. 네 이놈! 어디 한번 해보자.'

왕은 선인의 두 팔과 다리, 코까지 베어버렸다. 한마디로 미쳐 날뛴 것이다.

"이렇게 해도 아프지 않은가? 원망하는 마음이 일어나지 않는가?"

"내가 본래 있지 않고 남 또한 없는데, 무엇이 아프고 누구를 원망하겠습니까?"

이 모습을 보다 못한 사천왕(四天王)이 하늘에서 갑자기 모래와 돌을 던져 돌풍을 만들었다. 그토록 못된 가리왕도 하늘의 노여움에 놀라 순간 무릎을 꿇고 곧장 선인에게 참회하였다.

"선인이시여, 이제까지 한 모든 일을 참회합니다. 선인께서는 자비로써 저의 참회를 받아주소서."

참 나. 팔다리 잘라놓고 용서해 달라니, 이게 웬 말인가. 하지만 인욕선인은 이렇게 말한다.

"왕이시여, 나에게는 탐욕도 노여움도 없습니다."

"선인이시여, 그 마음을 저희가 어떻게 알 수 있습니까?"

"만일 나의 마음이 참되고 거짓이 없다면 나의 잘린 손발과 귀와 코가 본래대로 붙을 것입니다."

그 말이 끝나기가 무섭게 팔다리가 다 제자리로 돌아갔다. 선인은 처음 앉았던 모습 그대로 평온하게 앉아 있었다. 이에 왕은 더욱 깊이 참회하였고, 후궁들도 귀의하였다는 이야기다. 이때의 가리왕이 바로 현생에서 부처님의 최초 다섯 제자 중 한 명인 아야교진여(阿若憍陳如, Aññā-koṇḍañña)이며, 나머지 제자 넷이 전생에 가리왕을 수행하였던 신하였다고 한다.

참는 자에게 참는다는 생각이 남아 있다면, 그것은 인욕이 될 수 없다. 보시도 인욕도 모두 그것을 행하는 당사자가 상을 내어서는 참다운 보시행도 인욕행도 이룰 수 없다는 말이다.

우리는 일상에서 억울한 일도 겪게 된다. 욕먹을 일도 아닌데 욕을 먹게 되는 상황이 벌어진다. 억울하겠지만 그 욕을 먹는 게 바로 인욕행이다. 나에게 욕하는 사람을 되레 감사히 여겨야 한다. 왜냐하면 나의 인욕 수행을 도와주고, 인욕 공덕을 쌓게 해주는 사람이기 때문이다. 물론 쉽진 않다.

성공한 사람은
모두 노력하며 산다

◎

제15. 지경공덕분

持經功德分 第十五
지경공덕분 제십오

須菩提 若有善男子善女人 初日分 以恒河沙等身 布施
수보리 약유선남자선여인 초일분 이항하사등신 보시
中日分 復以恒河沙等身 布施 後日分 亦以恒河沙等身
중일분 부이항하사등신 보시 후일분 역이항하사등신
布施 如是無量百千萬億劫 以身布施 若復有人
보시 여시무량백천만억겁 이신보시 약부유인
聞此經典 信心不逆 其福 勝彼 何況書寫受持讀誦
문차경전 신심불역 기복 승피 하황서사수지독송

爲人解說 須菩提 以要言之 是經
위인해설 수보리 이요언지 시경

有不可思議不可稱量無邊功德 如來爲發大乘者說
유불가사의불가칭량무변공덕 여래위발대승자설

爲發最上乘者說 若有人 能受持讀誦 廣爲人說 如來
위발최상승자설 약유인 능수지독송 광위인설 여래

悉知是人 悉見是人
실지시인 실견시인

皆得成就不可量不可稱無有邊不可思議功德 如是人等
개득성취불가량불가칭무유변불가사의공덕 여시인등

卽爲荷擔如來阿耨多羅三藐三菩提 何以故 須菩提
즉위하담여래아뇩다라삼먁삼보리 하이고 수보리

若樂小法者 着我見 人見 衆生見 壽者見 卽於此經
약요소법자 착아견 인견 중생견 수자견 즉어차경

不能聽受讀誦 爲人解說 須菩提 在在處處 若有此經
불능청수독송 위인해설 수보리 재재처처 약유차경

一切世間天人阿修羅 所應供養 當知此處 卽爲是塔
일체세간천인아수라 소응공양 당지차처 즉위시탑

皆應恭敬 作禮圍繞 以諸華香 而散其處
개응공경 작례위요 이제화향 이산기처

제15. 경을 지닌 공덕

"수보리야, 만약 선남자 선여인이 오전에 항하의 모래 수만큼 많은 몸으로 보시하고, 낮에 또 항하의 모래 수만큼 많은 몸으로 보시하며, 저녁때에 또한 항하의 모래 수만큼 많은 몸으로 보시해서, 이렇게 하기를 한량없는 백천만억 겁 동안 몸으로 보시하더라도, 만약 어떤 사람이 이 경전을 듣고 거슬리지 않아 믿는다면, 그 복은 앞의 복보다 훨씬 뛰어날 것이다. 하물며 이 경전을 쓰고 읽고 받아 지니고 외워서, 널리 사람들에게 설하여 준다면 어떻겠는가?

수보리야, 요점만 말하자면, 이 경은 말할 수도 없고, 상상할 수도 없고, 헤아릴 수도 없는 공덕이 있다. 여래는 대승(大乘)의 마음을 낸 이들을 위해 이 경을 설하며, 최상승(最上乘)의 마음을 낸 사람들을 위하여 이 경을 설하였다.

만약 어떤 사람이 이 경을 받아 지니고, 읽고 외우며, 널리 많은 사람을 위하여 설해 준다면, 여래는 이 사람이 헤아릴 수 없고, 말할 수도 없으며, 끝도 없고, 상상할 수도 없는 공덕을 성취할 것임을 모두 알고 다 본다. 이러한 사람들은 곧 여래의 최상의 깨달음을 감당할 수 있을 것이다.

왜냐하면 수보리야, 만약 작은 법을 좋아하는 사람은 나라는 견해[我見], 남이라는 견해[人見], 중생이라는 견해[衆生見], 수명에 대한 견해[壽者見]에 집착하여 곧 이 경전을 듣고, 받아들이거나 읽고 외우지 못하며, 다른 사람들을 위하여 설명하여 주지도 못할 것이기 때문이다.

수보리야, 만약 이 경전만 있으면 어디든지 일체 세간의 천신들과 사람들과 아수라가 반드시 공양한다. 마땅히 이곳은 곧 부처님을 모신 탑이 된다. 그러니 모두가 공경하고 예배드리며, 주위를 돌면서 온갖 꽃과 향으로 그곳을 장엄할 것임을 알라."

●

옛날 어느 부잣집에 아들이 셋 있었다. 아들들은 모두 잘 성장하였고, 각자 좋은 아내를 만났다. 세월이 흘러 부잣집 살림살이를 관장하던 어머니도 꽤 연로해졌다. 어머니는 이 큰 살림을 누구에게 줘야 할지 고민이었다. 맏며느리라고 해서 살림을 더 잘할 것 같지 않아서다. 워낙 큰 살림이라 어머니는 조금이라도 더 지혜로운 며느리에게 곳간 열쇠를 넘기고 싶었다. 그래서 누가 가장 지혜로운지 알아보기로 했다. 세 며느리에게 빈방을 하나씩 주고는, 적은 돈을 주면서 무엇이든 사서 빈방을 가득 채워보라고 한 것이다. 자, 여러분도 함께 생각해 보면 좋겠다. 여러분이라면 그 빈방을 무엇으로 채울 것인가.

첫째 며느리는 시장을 돌며 고민하다가 돈이 얼마 안 되니, 볏짚을 사기로 했다. 그리고 그 볏짚을 방바닥에 얇게 깔았다. 그러나 그

방을 다 채우진 못했다.

둘째 며느리도 고민되기는 마찬가지였다. 생각 끝에 둘째 며느리는 솜을 사다가 방에 깔았다. 그러나 이 역시 방을 가득 채우지는 못했다. 그럼, 과연 셋째 며느리는 어떻게 했을까?

셋째 며느리는 호롱불 하나를 준비했다. 그녀는 남은 돈을 다시 시어머니에게 돌려드리고, 방에 들어가 불을 밝혔다. 방 안이 환해졌다. 빈방 구석구석 빛이 가닿지 않는 곳이 없었다. 이를 본 시어머니는 고개를 끄덕였다. 당연히 곳간 열쇠는 셋째 며느리가 받았다.

이 이야기를 읽고 고개를 끄덕였다면, 당신은 조금이나마 이전보다 지혜로운 사람이 되었다는 증거다. 이와 같이 지혜가 담긴 이야기는 사람의 눈을 뜨게 한다. 우리가 부처님 말씀을 듣고 싶어 하고, 이렇게 경전이나 경전 해설서를 읽는 것은 다 지혜가 담긴 말씀이기 때문이다.

제15.「지경공덕분」은 앞에서 나온 제3.「대승정종분(大乘正宗分)」이나 제11.「무위복승분(無爲福勝分)」과 비슷한 맥락을 보인다. 핵심은 상을 내려놓으라는 가르침이야말로 깨달음에 이르는 길이므로, 그 내용을 담은 경전을 널리 설하는 것은 최고의 공덕이 된다는 이야기다. 또한 이 경전을 지닐 때에는 마치 불보살님을 모시듯 해야 한다고 했다.

그런데 어찌 생각하면 이것은 당연한 이치다. 부처님의 말씀을 담은 경전 그 자체는 법신불(法身佛)이 되는 것이기에 그러하다. 법신(法身)은 한자 그대로 보면 '법의 몸'이다. 그리고 법(法)에는 어떤 규칙이나 개념, 또 세상의 구성요소를 가리키는 등 여러 가지 의미가 있지만, 여기서는 '진리'나 '가르침'을 말한다.

바꾸어 말하면, 법신은 부처님이 발견하신 진리를 몸으로 표현한 '진리의 몸', 또는 부처님의 가르침 자체를 부처님으로 보는 것을 의미한다. 그러니까 이 경전이 있는 곳이 곧 부처님을 모신 곳이 된다. 천신들이 모여들어 부처님께 공양 올리는 것은 어쩌면 당연한 이치인 셈이다.

부처님은 『금강경』을 설하시면서 대승(大乘, 큰 탈 것. 큰 배)의 마음을 일으킨 사람들, 그러니까 최상의 깨달음에 대한 마음을 일으킨 이들을 위해 이 경을 설한다고 하셨다. 불교 역사를 살펴보면, 대승은 소승(小乘, 작은 탈 것. 작은 배)과 반대되는 개념으로 사용된 말이다. 지금은 소승이라는 단어를 잘 사용하지 않지만, 양쪽의 특징을 구분해서 설명하기에는 나름 괜찮다.

우선 대승과 소승은 제도할 중생의 범위와 수행의 목표가 서로 확연히 다르다. 대승불교도들은 최상의 깨달음을 얻겠다는 마음을 일으킨 원인이 '중생'에게 있다. 깨달으면 더 많은 중생을 제도할 수 있기 때문이다.

　반대로 소승불교도들은 최상의 목표가 스스로 '아라한'이 되는 것이다. 말하자면 자신의 깨달음에 더 방점을 찍은 사람이라고 할 수 있다. 대승불교가 이타행(利他行)이 우선이라면, 소승불교에서는 자리행(自利行)이 우선이기에 그렇다. 이러한 차이를 염두에 두고 대승불교 경전을 읽으면 이해하기가 수월하다.

　어쨌든 『금강경』은 알면 알수록 놀라운 경전이다. 진짜인지는 모르겠지만, 『금강경』을 좋아하는 염라대왕한테 가서 평소 『금강경』을 많이 독송했다고 하면 좋게 봐준다는 설도 있고, 악귀를 퇴치할 때도 『금강경』이 강력한 힘을 발휘한다고 한다. 또 고려 시대에는 국교(國敎)가 불교였기 때문에, 『금강경』을 간행하여 백성들에게 지니고 다니도록 했다고도 한다. 『금강경』의 발행 부수로 대략의 인구수를 산정하였다는 것이다.

　『금강경』은 부처님이 깨달은 것, 최고의 지혜를 얻으려면 어떻게 해야 하는가를 담고 있다. 모든 욕망을 초월하고 번뇌를 깨달아 그 깨달음을 성취하려면 기본적으로 해야 할 일이 무엇인지 가르쳐준다. 그것은 바로 상을 없애는 것! 고정관념을 없애는 것! 그리고 집착 없이 행하는 것! 이러한 가르침이 담긴 경전을 모시는 곳에 꽃비가 내리는 것은 당연한 일 아니겠는가.

이 경전에는 말할 수도 없고, 상상할 수도 없고, 헤아릴 수도 없는 공덕이 있다는데, 여기까지 『금강경』을 읽고 해설하고 보니, 뭔가 인생에서 새로운 국면을 맞이하는 듯한 느낌이 든다. 훗날 내가 살아온 인생이 흔적도 없이 사라진다 해도 아무렇지 않을 수 있을 것 같은 느낌이랄까.

생각해 보면, 산이나 바위나 바다 같은 자연 속 풍경은 내가 태어나기 이전부터 존재했었다. 분명 내가 이 땅에서 사라진 후에도 큰 변화 없이 존재할 것이다. 우리 중 누군가가 아무리 위대한 업적을 남긴다고 한들, 이 대자연에 그의 흔적이 고스란히 남을 리도 없다.

다만, **눈에 보이는 모든 것에 대해 열린 시각으로 바라볼 수만 있다면, 우리의 정신은 이미 엄청나게 확장되었다고 생각한다. 고정관념을 버리고 열린 시각으로 바라보면, 사실 우리의 일상 속 걱정거리들은 대체로 시시한 것이나 다름없다.** 어쩌면 일상의 소소한 일들이 시시하니까 더러 무모해질 수도 있고, 실패할 가능성이 높은 일에도 최선을 다하며 웃을 수 있는 게 아닐까 싶다.

꼭 승가 수행자가 아니더라도 끊임없이 열린 상태로 살아가려고 노력하는 사람은 이미 수행자다. 그리고 인생에서 성공하는 사람들은 대개 노력하며 산다. 고통과 불안을 견디기 위한 노력, 자존심을 잠재우기 위한 노력, 상대를 받아들이고자 하는 노력!

보통 사람들은 사물을 있는 것으로 보지만,
깨달은 사람은 사물을 연기적 결합체로서 바라본다.
그것이 진짜 존재한다고 생각해서
뭔가 확실히 있는 것으로 보는 것이 아니라,
다만 현상적인 결합체로서만
대상을 바라본다는 말이다.

따라서 여기에는 어떠한 상(相)도 남지 않는다.
보는 자가 있다고 하는 생각도 없으며,
구별하고 차별하는 마음도 없다.
그렇게 모든 상을 떠나 자유로운 사람이 바로
스스로 깨어난 자, 부처인 것이다.

흔들리지 말라

저 높은 허공을 보라. 끝도 없이 펼쳐진다.
내 것으로 만들고 싶어도 잡을 수 없거니와
어딘가에 테두리를 그을 수조차 없다.
동서남북으로 나눌 수도 없으며,
상하좌우로 구분할 수도 없다.
굳이 나누고자 한다면,
오직 내가 서 있는 이 자리가 중심이 될 뿐이다.

업장을 깨끗이 맑히다

◎

제16. 능정업장분

能淨業障分 第一六
능정업장분 제십육

復次須菩提 善男子善女人 受持讀誦此經 若爲人輕賤
부차수보리 선남자선여인 수지독송차경 약위인경천
是人 先世罪業 應墮惡道 以今世人 輕賤故 先世罪業
시인 선세죄업 응타악도 이금세인 경천고 선세죄업
卽爲消滅 當得阿耨多羅三藐三菩提 須菩提
즉위소멸 당득아뇩다라삼먁삼보리 수보리
我念過去無量阿僧祇劫 於燃燈佛前
아념과거무량아승지겁 어연등불전

得値八百四千萬億那由他諸佛 悉皆供養承事 無空過者
득치 팔백 사천 만억 나유타 제불 실개공양승사 무공과자

若復有人 於後末世 能受持讀誦此經 所得功德
약부유인 어후말세 능수지독송차경 소득공덕

於我所供養諸佛功德 百分不及一 千萬億分
어아소공양제불공덕 백분불급일 천만억분

乃至算數譬喩 所不能及 須菩提 若善男子善女人
내지산수비유 소불능급 수보리 약선남자선여인

於後末世 有受持讀誦此經 所得功德 我若具說者
어후말세 유수지독송차경 소득공덕 아약구설자

或有人 聞 心卽狂亂 狐疑不信 須菩提 當知是經義
혹유인 문 심즉광란 호의불신 수보리 당지시경의

不可思議 果報 亦不可思議
불가사의 과보 역불가사의

제16. 업장을 깨끗이 맑히다

"수보리야, 다시 말하건대, 선남자 선여인이 이 경전을 받아 지니고 읽고 외우는데도, 만약 남에게 업신여김을 당한다면, 이 사람은 전생(前生)의 죄업으로 반드시 지옥이나 아귀나 축생에 떨어질 것이지만, 금생(今生)에 남에게 업신여김을 당함으로써 전생의 죄업이 곧바로 소멸하고 반드시 최상의 깨달음을 얻게 될 것이다.

수보리야, 내가 기억해 보니 과거 한량없는 아승지겁 전, 연등(燃燈)

부처님 이전에 팔백사천만억 나유타 부처님을 만나뵙고, 한 분도 빠짐없이 모두 다 공양 올리고, 받들어 섬겼었다.

만약 어떤 사람이 앞으로 오는 말세(末世)에 이 경전을 받아 지니고 읽고 외운다면, 그가 얻은 공덕에 비하면 내가 저 많은 부처님께 공양한 공덕은 백 분의 일에도 미치지 못한다. 천만억 분의 일에도 미치지 못하며, 어떤 산수와 비유로도 미치지 못할 것이다.

수보리야, 만약 선남자 선여인이 이다음 말세에 이 경전을 받아 지니고 읽고 외우는 이가 있어서 그가 얻는 공덕을 내가 자세히 말한다면, 아마도 어떤 사람은 그 말을 듣고 마음이 혼란스럽고 어지러워져서 의심하며 믿지 않을 것이다. 수보리야, 이 경의 이치는 불가사의하며, 그 과보(果報) 역시 상상할 수가 없음을 알아야 한다."

●

책이나 영화(특히 SF)를 보면, 인간의 상상력이 만들어내는 짜릿한 즐거움을 맛볼 수 있다. 우주를 배경으로 하는 작품이라든지, 극악의 상황 속에서 살아남아야 하는 인간의 가혹한 선택을 그린 작품, 죽고 싶어도 죽지 못한 채 원하지 않는 모습으로 살아남은 존재들의 이야기 등등 다양한 소재의 작품들이 있다. 그런데 나이를 먹고 보니, 놀랍게도 그런 상상 속 이야기가 머지않은 미래에 실제로 일어나는 것을 눈으로 목격하게 된다. 세상에 이게 무슨 일인가, 싶을 때가 있다.

그리스 로마 신화에 죽지 못해 고통받는 여인 이야기가 나온다. 쿠마에라는 도시에 미래를 내다 보는 아름다운 무녀(巫女) 시빌(Cumaean Sibyl)이 살고 있었는데, 바로 그녀의 생애를 담은 이야기다. 하루는 예언의 신 아폴론이 그녀를 보고 첫눈에 반했다. 겁날 것 하나 없는 아폴론이었기에, 그는 당찬 모습으로 그녀를 유혹했다. 그러나 여인의 콧대가 보통 높은 게 아니었다. 시빌의 사랑을 얻고 싶었던 아폴론은 자신의 청혼을 받아주면 한 가지 소원을 들어주겠다고 했다.

이에 시빌은 손에 가득 모래를 들고 와서, 이 모래 숫자만큼 생일을 갖게 해달라며 그의 청혼을 받아들였다. 그렇게 그녀는 자신의 소원대로 영생을 얻게 되었다. 하지만 그녀는 오래지 않아 다시 변심한다. 천하의 아폴론을 거절한 것이다. 화가 난 아폴론이 가만있을 리 만무하다. 거래 당시 시빌은 중요한 것을 놓치고 말았다. 그녀는 오래 사는 것만 원했지, 젊음을 요구하는 것을 잊어버린 것이다. 아폴론은 그녀가 빠트린 젊음을 모른 척하고 돌려주지 않았다. 복수였다. 그때부터 그녀는 늙고 또 늙어 고통에 시달렸다. 아무리 죽고 싶어도 죽을 수가 없었다. 오랜 세월이 흐르고 그녀의 몸은 쭈그러들었다. 그녀는 작은 항아리에 들어가 거미처럼 달라붙어 지내다가 마침내는 목소리만 남게 되었다. 그리고 누가 와서 소원을 물으면 그저 죽는 것이라고 대답했다고 한다.

수명에 대한 집착은 결국 파멸을 낳는다. 현대에도 가끔 영생을 얻고자 하는 이들이 있다. 천국을 돈으로 사고판다는 이야기도 들린다. '영생'이라는 단어만 나와도 나는 시빌의 형벌을 떠올린다. 그렇게 살고 싶지 않다면, 수명에 대한 집착일랑 얼른 내려놓는 게 좋을 것이다.

불교에서는 돌고 도는 윤회설(輪廻說)에 기반하여 인간의 생을 설명하는 경우가 많다. 그러나 이것은 어디까지나 현생에서의 삶을 착하게 살아가라는 취지에서 말할 때 주로 쓰인다. 우주에는 성주괴공(成住壞空)의 흐름이 있고, 인간에게는 생로병사(生老病死)가 있으며, 우리 마음에는 생주이멸(生住異滅)의 패턴이 있다. 마찬가지로 살아가는 모든 존재들에게는 생애를 윤회하는 흐름이 있다고 설명한다.

따라서 전생(前生)의 죄업(罪業)을 소멸하고 현재의 삶을 바르게 살아가면 깨달음의 길은 요원하지 않다. 그렇게 업장소멸(業障消滅)을 하기에 가장 적합한 경전이 『금강경』임을 밝히는 것이 제16. 「능정업장분(能淨業障分)」의 내용이다. 이를 증명하기 위해 부처님은 전생에 연등 부처님[燃燈佛, 과거 부처님]을 만나기 전에도 수많은 부처님을 뵈었고, 그분들에게 공양 올리며 받들어 섬겼다고 한다.

불교에서는 시간과 공간에 따라 담당하는 부처님이 다 다르다. 과거에도 수많은 부처님이 있었고, 미래에도 분명 부처님이 오실 것이다. 자 그럼, 과거칠불(過去七佛)만이라도 거론해 볼까. 비바시불(毘婆尸佛), 시기불(尸棄佛), 비사부불(毘舍浮佛), 구류손불(拘留孫佛), 구나함불(拘那含佛), 가섭불(迦葉佛), 석가모니불(釋迦牟尼佛)이 과거칠불의 명호다.

연등 부처님은 석가모니 부처님이 전생에 중생들을 구제할 원력을 세우고 수행하는 과정에서 만난 분이다. 그리고 연등 부처님에게서 미래에 부처가 될 거라고 수기(授記)를 받았다. 그때의 이야기가 아주 재밌다. 한번 꺼내보자.

보살로서 수행하던 중 부처님이 오신다는 소문을 듣고 부처님께 공양을 올리기 위하여 꽃을 구하던 한 보살 청년이 있었다. 그러나 아무리 구하려 해도 나라 안의 모든 꽃을 왕이 다 사들여서 구할 수가 없었다. 난감해 하던 그때, 꽃을 가진 여인을 알게 되었다. 꽃을 구하는 청년에게 첫눈에 반한 여인은 그가 미래에 부처가 될 인물임을 알아보았다. 그리하여 청년에게 그야말로 강렬한 제안 한 가지를 한다. 청년이 수행하여 부처가 되기 전까지 세세생생 자신과 부부의 연을 맺게 해달라는 것이다. 약속만 하면 그 꽃을 주겠다고 말이다.

헉! 깜짝 놀랄 만한 이야기인데, 더 놀랄 이야기는 보살 청년이 그 약속을 받아들였다는 점이다.(석가모니 부처님이 출가하기 전 아내였던 야소다라가 전생에 이 꽃 파는 여인이었다고 한다.)

그렇게 하여 두 사람은 다음 생을 약속하였고, 청년은 꽃을 구해 부처님께 올렸다. 또 부처님이 지나는 길이 진흙으로 엉망인 것을 안 보살 청년은 머리카락을 풀어 진흙 위에 깔고 부처님이 지나가도록 하였다. 이후, 보살 청년은 연등 부처님께 수기를 받는다. 장차 오랜 세월이 지난 후 '석가모니불'이 되리라는 수기였다.

불교의 기본 골격인 인과응보나 윤회 사상에 입각하면, 이렇듯 전생에 성불할 수 있는 갖가지 선업(善業)을 쌓아야만 현생에 부처를 이룰 수 있다. 인욕선인처럼 고통스러운 일도 고통이라고 생각하지 않는 것, 즉 고통에 집착하여 괴로움이라는 상(相)을 없애는 수행뿐만 아니라, 부처님께 공양 올리는 일들까지도 다 성불에 필요한 착한 행위들이다. 재밌는 건 이렇게 쌓은 착한 업들은 말세 중생이 『금강경』을 읽고 외우는 일에 비하면 아무것도 아니라는 점이다. 심지어 『금강경』을 통해 얻어지는 공덕에 대해 부처님이 말해 준대도 아마 믿지 않을 정도라고 하니, 『금강경』의 이치도, 그것이 주는 혜택도 가히 상상할 수 없을 정도로 큰가 보다. 놀라워라, 『금강경』! 반드시 읽어야겠다.

정해진 것이 없기에
진리가 된다

◎

제17. 구경무아분

究竟無我分 第十七
구 경 무 아 분 제 십 칠

爾時 須菩提 白佛言 世尊 善男子善女人
이 시 수 보 리 백 불 언 세 존 선 남 자 선 여 인

發阿耨多羅三藐三菩提心 云何應住 云何降伏其心
발 아 뇩 다 라 삼 먁 삼 보 리 심 운 하 응 주 운 하 항 복 기 심

佛告須菩提 若善男子善女人
불 고 수 보 리 약 선 남 자 선 여 인

發阿耨多羅三藐三菩提心者 當生如是心 我應滅度
발 아 뇩 다 라 삼 먁 삼 보 리 심 자 당 생 여 시 심 아 응 멸 도

一切衆生 滅度一切衆生已 而無有一衆生 實滅度者
일체중생 멸도일체중생이 이무유일중생 실멸도자

何以故 須菩提 若菩薩 有我相 人相 衆生相 壽者相
하이고 수보리 약보살 유아상 인상 중생상 수자상

卽非菩薩 所以者何 須菩提 實無有法
즉비보살 소이자하 수보리 실무유법

發阿耨多羅三藐三菩提心者 須菩提 於意云何 如來
발아뇩다라삼먁삼보리심자 수보리 어의운하 여래

於燃燈佛所 有法 得阿耨多羅三藐三菩提不 不也 世尊
어연등불소 유법 득아뇩다라삼먁삼보리부 불야 세존

如我解佛所說義 佛於燃燈佛所 無有法
여아해불소설의 불어연등불소 무유법

得阿耨多羅三藐三菩提 佛言 如是如是 須菩提
득아뇩다라삼먁삼보리 불언 여시여시 수보리

實無有法 如來得阿耨多羅三藐三菩提 須菩提 若有法
실무유법 여래득아뇩다라삼먁삼보리 수보리 약유법

如來得阿耨多羅三藐三菩提者 燃燈佛 卽不與我授記
여래득아뇩다라삼먁삼보리자 연등불 즉불여아수기

汝於來世 當得作佛 號釋迦牟尼 以實無有法
여어내세 당득작불 호석가모니 이실무유법

得阿耨多羅三藐三菩提 是故 燃燈佛 與我授記 作是言
득아뇩다라삼먁삼보리 시고 연등불 여아수기 작시언

汝於來世 當得作佛 號釋迦牟尼 何以故 如來者
여어내세 당득작불 호석가모니 하이고 여래자

卽諸法如義 若有人 言 如來得阿耨多羅三藐三菩提
즉제법여의 약유인 언 여래득아뇩다라삼먁삼보리

須菩提 實無有法 佛得阿耨多羅三藐三菩提 須菩提
수보리 실무유법 불득아뇩다라삼먁삼보리 수보리

如來所得阿耨多羅三藐三菩提 於是中 無實無虛 是故
여래소득아뇩다라삼먁삼보리 어시중 무실무허 시고

如來說一切法 皆是佛法 須菩提 所言一切法者
여래설일체법 개시불법 수보리 소언일체법자

卽非一切法 是故 名一切法 須菩提 譬如人身長大
즉비일체법 시고 명일체법 수보리 비여인신장대

須菩提言 世尊 如來說人身長大 卽爲非大身 是名大身
수보리언 세존 여래설인신장대 즉위비대신 시명대신

須菩提 菩薩 亦如是 若作是言 我當滅度無量衆生
수보리 보살 역여시 약작시언 아당멸도무량중생

卽不名菩薩 何以故 須菩提 實無有法 名爲菩薩 是故
즉불명보살 하이고 수보리 실무유법 명위보살 시고

佛說一切法 無我無人無衆生無壽者 須菩提 若菩薩
불설일체법 무아무인무중생무수자 수보리 약보살

作是言 我當莊嚴佛土 是不名菩薩 何以故
작시언 아당장엄불토 시불명보살 하이고

如來說莊嚴佛土者 卽非莊嚴 是名莊嚴 須菩提 若菩薩
여래설장엄불토자 즉비장엄 시명장엄 수보리 약보살

通達無我法者 如來說名眞是菩薩
통달무아법자 여래설명진시보살

제17. 궁극의 무아

그때 수보리가 부처님께 여쭈었다.

"세존이시여, 선남자 선여인이 최상의 깨달음에 대한 마음을 일으킨 이는 어떻게 머물며, 어떻게 그 마음을 다스려야 합니까?"
부처님께서 수보리에게 말씀하셨다.
"만약 선남자 선여인이 최상의 깨달음에 대한 마음을 일으킨 이는 반드시 이와 같이 마음을 내야 한다. '나는 반드시 모든 중생을 제도하리라. 또한 모든 중생을 다 제도하였어도 한 중생도 제도한 바가 없다'라고 해야 한다. 왜냐하면 수보리야, 만약 보살에게 아상·인상·중생상·수자상이 있다면 보살이 아니기 때문이다. 수보리야, 이는 실로 어떤 고정된 법이 있어서 최상의 깨달음에 대한 마음을 일으킨 것이 아니기 때문이다.
수보리야, 그대는 어떻게 생각하는가? 여래가 연등 부처님의 처소에서 얻은 최상의 깨달음이라고 하는 법이 있었는가?"
"아닙니다. 세존이시여, 제가 부처님의 말뜻을 이해하기로는 부처님께서는 연등 부처님의 처소에서 얻은 최상의 깨달음이라고 할 법이 없습니다."
부처님께서 말씀하셨다.
"그러하다. 수보리야, 실로 어떤 법이 있어서 여래가 최상의 깨달음을 얻은 것이 아니다. 수보리야, 만약 어떤 법이 있어서 여래가 최상의 깨달음을 얻은 것이라면, 연등 부처님께서는 결코 나에게 '그대는 다음 세상에 반드시 부처를 이룰 것이며, 그 이름을 석가모니라고 하리라'라는 수기를 주지 않으셨을 것이다. 나는 실로 어떤 법이 있어서 최상의 깨달음을 얻은 것이 아니다. 따라서 연등 부처님께서도 내게 수기를 주며 말씀하시기를, '그대는 다음 세상에 반드시 부처를 이루고, 그 이름을 석가모니라고 하리라'라고 하셨던 것이다. 왜냐하면 여래(如來)라고 하는 것은 모든 법이 여여(如如)하다는 뜻이기 때문이다.

그러므로 만약 어떤 사람이 '여래는 최상의 깨달음을 얻었다'라고 말하더라도, 수보리야, 실로 어떤 법이 있어서 부처님이 최상의 깨달음을 얻은 것이 아니다. 수보리야, 여래가 얻은 최상의 깨달음은 실(實)도 없고 허(虛)도 없다. 그래서 여래가 말하기를 '일체법이 다 불법'이라고 한 것이다.

수보리야, 이른바 일체법이라는 것은 곧 일체법이 아니므로 그 이름이 일체법이라고 말한다. 수보리야, 비유하자면 사람의 몸이 아주 큰 것과 같다."

수보리가 말씀드렸다.

"세존이시여, 여래께서 말씀하신 사람의 몸이 아주 크다는 것도 곧 큰 몸이 아니고, 그 이름이 큰 몸일 뿐입니다."

"수보리야, 보살도 또한 이와 같다. 만약 '나는 한량없이 많은 중생을 제도하겠노라'고 말한다면, 이는 곧 보살이라고 이름할 수 없다.

왜냐하면, 수보리야, 실로 어떤 법이 있어서 이를 보살이라고 이름하는 것이 아니기 때문이다. 그러므로 여래는 '일체법에 나도 없고, 남도 없고, 중생도 없고, 수명도 없다'라고 말한 것이다.
수보리야, 만약 보살이 말하기를 '나는 반드시 불국토를 장엄하노라'라고 한다면 이는 보살이라고 이름할 수 없다. 왜냐하면, 여래가 말하는 세상을 장엄한다는 것은 곧 장엄이 아니고, 그 이름이 장엄일 뿐이기 때문이다. 수보리야, 만약 보살이 무아(無我)의 이치를 통달하였다면, 여래는 이 사람을 '진정한 보살'이라고 이름할 것이다."

●

"최상의 깨달음에 대한 마음을 일으킨 이는 어떻게 머물며, 어떻게 그 마음을 다스려야 합니까?"

경전을 이끄는 수보리 존자의 주요 질문이 다시 나오며, 『금강경』의 내용이 다시 반복된다. 그리고 그 답변으로서 역시나 '상(相)'이 없어야 함을 부처님은 강조하셨다. 왜냐하면 '깨달음은 이런 것이다'라는 고정된 법이 있어서 깨달음을 구하겠다는 마음을 낸 것이 아니기 때문이다. 깨달음에는 정해진 것이 아무것도 없다.

앞의 제3.「대승정종분」을 떠올려보면, 거기에서 하신 말씀도 마찬가지였다. 먼저 온갖 중생들을 아홉 가지 종류[九類衆生]로 나누어 설명한 다음, 그들을 모두 제도(濟度)하는 이를 가리켜 보살이라고 했다. 그리고 보살이 중생을 제도할 때는 결코 '상'을 내서는 안 된다며 사상(四相)에 대하여 말씀하셨다. 즉, 보살은 모든 중생을 제도하지만, 실제로는 한 중생도 제도를 얻은 이가 없게 된다는 이치다.

『금강경』에는 멋진 말씀이 참 많이 나오는데, '고정된 법이 없다'라는 말은 특히 더 멋있다. 이 세상 모든 것은 임시적이고 가변적인 것들이라서 오히려 자유롭고 멋있게 살아갈 수 있는 것이다. 깨달음도 그렇다고 하니 얼마나 쉽게 받아들일 수 있는가.

저 높은 허공을 보라. 끝도 없이 펼쳐진다. 내 것으로 만들고 싶어도 잡을 수 없거니와 어딘가에 테두리를 그을 수조차 없다. 동서남북으로 나눌 수도 없으며, 상하좌우로 구분할 수도 없다. 굳이 나누고자 한다면, 오직 내가 서 있는 이 자리가 중심이 될 뿐이다. 이 얼마나 멋진 이론인가. 그런 이유로, 나는 어둠이 걷히고 푸르른 창공이 펼쳐질 때 찌릿한 황홀감을 느끼곤 한다.

부처님이 말씀하시는 깨달음에는 내용이나 방식, 시기 등 특별히 정해진 것이 없다. 뭔가 정해진 것이 있어서 수기를 받은 것이 아니다. 또 수기를 받아 정해진 운명을 만들어내지도 않는다. 그런 것처럼 보일 뿐이다. 깨달음의 이치는 그렇게 묶어서 고정시켜 놓고 깨닫는 것이 아니다. '아무것도 없는 경계를 얻었기에, 아무것도 얻은 것이 없고, 그리하여 수기를 받게 된' 것이다.

깨달음에는 얻을 것이 없다. 잃을 것도 없다. 그렇다고 아무것도 없다고 할 수도 없다. 깨달음은 '무실무허(無實無虛)'다. 말 그대로 실체도 없고 허무함도 없다는 말이다. 실재한다는 생각과 실재하지 않는다는 생각, 옳고 그름, 좋고 나쁨 등의 이분법적 사고를 넘어 양극단을 벗어난 중도(中道)적 관점을 의미한다고 보면 된다. 그리고 이를 실천하려면, 어떤 실체에 대한 것이나 공허함에 대한 집착을 다 버려야만 한다.

우리의 머릿속에는 일반화되어 있는 오류들이 참 많다. 편견이나 고정관념이 그만큼 많다는 뜻이다. 고정관념은 영어로 하면 '스테레오 타입(stereotype)'이다. '정형화된 생각'을 뜻하는 단어다. 정한업의 『차별의 언어』(아날로그, 2018)에 의하면, 'stereo'는 '딱딱하다'는 의미를 가진 그리스어 'stereos'에서 나온 말이며, 'type'은 '인쇄'와 관련된 말이라고 한다. 미국의 어느 기자는 이 단어를 비유하여 '머릿속의 인상들'이라고 했다. 말 그대로 고정관념은 내 머릿속에 남아 있는 인상들을 말한다.

이러한 고정관념은 현실을 매우 단순화시키는 경향이 있다. 예를 들어보자.

어느 절의 스님이 신도와 말다툼하는 것을 봤다고 치자. 이를 목도(目睹)한 사람은 그 스님뿐만 아니라, 그 스님이 머무는 절에 대한 이미지까지 나빠질 것이다. 충격받아 심란해진 그는 두 번 다시 절에 가고 싶지 않을 테고, 전체 스님들에 대한 인상도 매우 나빠질 것이다. 나중엔 개종을 고민할지도 모른다.

이렇듯 스님 한 사람의 잘못을 보았다고 해서, 모든 스님을 나쁜 이미지로 일반화시키는 것은 지극히 개인적인 편견이요, 잘못된 생각이다. 고정관념은 그의 머릿속에 뿌리 깊이 박혀서 다른 사람과 대화할 때도 부정적 영향을 끼칠 것이다. 그 사건에 대해 사실관계를 파악하고 분석하여 판단하지 않은 상태에서 편견이 생긴 것이니, 그는 계속해서 구업(口業)만 짓는 꼴이 된다.

지금 이렇게 하나의 사건을 예로 들어 설명했지만, 이런 식의 고정관념은 한둘이 아니다. 살아가는 동안 우리가 만들어가는 고정관념은 끝도 없다. 빈부 차별이나 직업에 대한 흔한 편견만 고정관념이 아니고, 하늘은 높고 땅은 낮다고 하는 것처럼 당연하게 여기는 것도 다 고정관념이라는 것이다. 그러니까 우리가 살아가는 동안 머릿속에서 만들어내는 고정관념이 얼마나 많은지 이해하고, 상황에 대한 사태 파악을 잘해야 한다. 자신의 판단이 어떤 고정관념을 만들어내는지 살펴야, 고정관념을 제거해 나가는 데 도움이 되기 때문이다.

그리고 이보다 더 중요한 것은 자신이 고정관념을 가지고 있다는 사실에 대해 스스로 인식하고 인정해야만 한다는 점이다. 나아가 이미 만들어진 고정관념으로 인해 자신이 상대를 잘못 판단할 수도 있다는 사실을 받아들이고, 잘못된 판단을 하지 않도록 고정관념을 지워야 한다. 그런 의미에서 보면, 『금강경』에서 말하는 '무유정법(無有定法)'이나 '무실무허(無實無虛)'는 고정관념을 없애고, 모든 현상의 본질을 있는 그대로 보아 집착에서 벗어날 수 있도록 인도해 주는 가르침이다. 그것을 우리 삶의 현실에 적용하면, 우리가 살아가는 사바세계 어느 것 하나 부처님 법 아닌 것이 없다는 이치에 도달할 수 있다.

- 무유정법(無有定法) － 정해진 법이 없다.
- 무실무허(無實無虛) － 실제도 없으며, 빈 것도 없다.

그런데 부처님은 다시 말을 뒤집어 이러한 '일체법(一切法)'은 곧 '일체법(一切法)'이 아니라고 설하신다. 비유하자면 '사람의 몸'과 같다는 것이다. 흔히 이야기하는 덩치가 크다거나 작다고 할 때, 사람의 몸이 크다는 것도, 보편적인 비교 관찰 방식에 의해 지어진 이름일 뿐이라는 말이다. 이와 같이 보살도 중생을 제도함에 있어 상을 가지면 '보살'이라고 할 수 없다.

생각해 보면 쉽게 알 수 있다. **사람의 몸이 '크다, 작다'는 것은 모두 상대적인 개념이다. 작은 사람이 있으니, 큰 사람이 존재한다. 큰 사람 옆에 있기에, 상대적으로 작은 사람이 된다. 이렇듯 크고 작음이란 단지 보는 이의 시선일 뿐이다.** 보는 이가 붙인 이름에 지나지 않는다. 이와 같이 '크기'라고 하는 것은 모든 사물에 적용할 수 있는 생각이다.

이번엔 '눈물'을 예로 들어보겠다. '눈물'에도 여러 종류가 있다. 생각해 본 적이 없어도 경험상 쉽게 알 수 있는 이야기일 것이다. 우리는 눈물을 흘릴 때가 있다. 그것이 언제인지를 떠올려보면, 어떤 사람은 기쁨의 눈물을 말할 것이요, 어떤 사람은 슬픔의 눈물, 어떤 사람은 분노의 눈물을 말할지 모르겠다. 단순하게 생각하면, 눈에서 흘러내리는 물은 그냥 '눈물'일 뿐인데, 상황이나 감정을 섞어놓고 보면 정말이지 각양각색의 눈물이 만들어진다. 슬플 때 흘리는 것이 '눈물'이라는 생각은 고정관념이었을 뿐이다.

우리는 이름 붙이기를 참 좋아한다. 그만큼 의미 부여하기를 좋아한다는 뜻이기도 하다. 부처님의 가르침대로 말하자면, 검다거나 희다거나 하는 것도 '이름'이다. 높다거나 낮다거나 하는 높이도 '크기'를 말할 때와 같다. 보는 이의 보편적 통념에 의해 이름이 되었다. 사실관계를 따져 이름을 붙이고 의미를 부여한다면 '보살'이라는 이름도 마찬가지라고 할 수 있다. 남을 돕는다고 해서 다 보살이 아니고, 돕는다는 상이 없어야만 보살이 된다. 그간 우리가 알았던 '보살'에 대한 고정관념이 잘못된 것임을 지적한 것이다.

깨달음을 구하면서도 중생의 손을 놓지 않고 제도하는 이가 보살인 줄로만 알았더니, 그게 다가 아니라고 한다. 진정한 보살은 깨달음을 구한다는 생각이 없다. 중생을 제도한다는 생각도 없다. 어떠한 생각도 만들어내지 않고, 실천에 옮길 수 있어야 한다. 세상의 무상한 이치만 이해한다면, 집착을 내려놓기는 한결 수월해진다.

또한 '무아'의 이치를 깨친 사람이라면 더 쉬운 일이다. 자신을 포함한 세상 만물에 고정된 법이 없다는 것이 '무아'인데, 자신에 대한 상[我相]도 없고 대상에 대한 어떤 고정관념도 없으니, 나도 남도 공하다. 이와 같이 공한 것에 이름을 붙여 '보살'이 되었다면, 있는 그대로 보는 이것이야말로 '보살'에 대한 올바른 이해라고 할 수 있다.

나이테의
허상

◎

제18. 일체동관분

一體同觀分 第十八
일 체 동 관 분   제 십 팔

須菩提 於意云何 如來 有肉眼不 如是 世尊 如來
수보리 어의운하 여래 유육안부 여시 세존 여래
有肉眼 須菩提 於意云何 如來 有天眼不 如是 世尊
유육안 수보리 어의운하 여래 유천안부 여시 세존
如來 有天眼 須菩提 於意云何 如來 有慧眼不 如是
여래 유천안 수보리 어의운하 여래 유혜안부 여시
世尊 如來 有慧眼 須菩提 於意云何 如來 有法眼不
세존 여래 유혜안 수보리 어의운하 여래 유법안부

如是 世尊 如來 有法眼 須菩提 於意云何 如來
여시 세존 여래 유법안 수보리 어의운하 여래

有佛眼不 如是 世尊 如來 有佛眼 須菩提 於意云何
유불안부 여시 세존 여래 유불안 수보리 어의운하

如恒河中所有沙 佛說是沙不 如是 世尊 如來說是沙
여항하중소유사 불설시사부 여시 세존 여래설시사

須菩提 於意云何 如一恒河中所有沙 有如是沙等恒河
수보리 어의운하 여일항하중소유사 유여시사등항하

是諸恒河所有沙數 佛世界 如是 寧爲多不 甚多 世尊
시제항하소유사수 불세계 여시 영위다부 심다 세존

佛告須菩提 爾所國土中 所有衆生 若干種心 如來悉知
불고수보리 이소국토중 소유중생 약간종심 여래실지

何以故 如來說諸心 皆爲非心 是名爲心 所以者何
하이고 여래설제심 개위비심 시명위심 소이자하

須菩提 過去心不可得 現在心不可得 未來心不可得
수보리 과거심불가득 현재심불가득 미래심불가득

제18. 한 몸으로 동일하게 보다

"수보리야, 그대는 어떻게 생각하는가? 여래에게 육안(肉眼)이 있는가?"

"그렇습니다, 세존이시여. 여래께는 육안이 있습니다."

"수보리야, 그대는 어떻게 생각하는가? 여래에게 천안(天眼)이 있는가?"

"그렇습니다, 세존이시여. 여래께는 천안이 있습니다."

"수보리야, 그대는 어떻게 생각하는가? 여래에게 혜안(慧眼)이 있는가?"

"그렇습니다, 세존이시여. 여래께는 혜안이 있습니다."

"수보리야, 그대는 어떻게 생각하는가? 여래에게 법안(法眼)이 있는가?"

"그렇습니다, 세존이시여. 여래께는 법안이 있습니다."

"수보리야, 그대는 어떻게 생각하는가? 여래에게 불안(佛眼)이 있는가?"

"그렇습니다, 세존이시여. 여래께는 불안이 있습니다."

"수보리야, 그대는 어떻게 생각하는가? 저 항하에 있는 모래에 대해서 여래가 말한 적이 있는가?"

"그렇습니다, 세존이시여. 여래께서는 그 모래에 대해서 말씀하셨습니다."

"수보리야, 그대는 어떻게 생각하는가? 예컨대 저 하나의 항하에 있는 모래와, 그 모래 수만큼 많은 항하의 강이 또 있고, 그 모든 항하의 전체 모래 수와 같은 세계가 있다면, 이것을 참으로 많다고 하겠는가?"

"대단히 많다고 할 수 있습니다. 세존이시여."

부처님께서 수보리에게 말씀하셨다.

"그처럼 많은 세계 가운데 있는 모든 중생의 갖가지 마음을 여래는 모두 다 안다. 왜냐하면 여래가 말하는 모든 마음은 다 마음이 아니라, 그 이름이 마음일 뿐이기 때문이다. 왜냐하면 수보리야, 과거의 마음도 찾을 수 없고, 현재의 마음도 찾을 수 없고, 미래의 마음도 찾을 수 없기 때문이다."

●

여러분은 '제3의 눈'이라는 단어를 들어보았는지 모르겠다. 대개는 앞이마에 점으로 표현하기도 하고, 실제로 눈 모양을 이마에 세로로 그려 넣어 눈을 강조하기도 한다. 불교에서는 이것을 '지혜의 눈'이라고 하는데, 육신의 두 눈 말고도 세 번째 눈이 있다는 의미다. 그래서 '제3의 눈'이라고 부른다.

이 제3의 눈은 물리적 지각을 통한 직관(直觀)으로는 알 수 없는 것을 깨닫게 해주는 감각과 지혜를 상징한다. 양쪽 눈을 통하여 과거와 현재, 미래를 투시하는 한편, 미간에 있는 세 번째 눈은 사물의 내면을 바라본다. 그렇기에 깊은 영적 통찰력을 가진 눈으로써 깨달음을 상징하는 것이다. 특히 티베트불교에서는 이 '지혜의 눈'을 얻기 위한 수행을 궁극의 목표로 한다.

또한 티베트불교 사원의 대부분 스투파[塔]에는 커다란 눈이 그려져 있는데, 그것이 제3의 눈, 바로 지혜의 눈을 상징하는 것이다. 그리고 네팔에서 가장 신성한 불교 사원으로 손꼽히는 스와얌부나트 사원(Swayambhunath temple)에는 스투파에 금박을 입힌 사면체에 큰 눈이 새겨져 있고, 이것을 '부처님의 눈'으로 부르고 있는데, 티베트 사원 스투파의 '제3의 눈'과 같은 것이다.

지혜의 눈은 결국 깨달음의 눈이며, 『금강경』에서는 부처님께 이 다섯 가지 눈, 즉 오안(五眼)이 있다고 한다. 물론 경전에서는 오안 자체를 설명하고자 하는 의도에서 말하는 것은 아니지만, 일단 오안에 대한 것부터 알고 보자.

먼저 육안(肉眼)이다. 보통의 생명체라면 누구나 가지고 있는 육체의 눈, 이것을 육안이라고 한다. 육안은 장애가 없는 보통의 중생이라면 누구나 가지고 있는 시각 능력을 말한다. 부처님이나 중생이나 차별 없이 누구에게나 있는 육체의 보는 기능을 육안이라고 한다.

그러나 부처님의 육안은 몸이 가진 신체적 능력에만 한정되어 있지 않다. 부처님의 보는 기능은 평범한 중생의 눈과는 달라서 여러 가지 초월적인 능력을 지니고 있다. 바로 뒤에 나오는 천안(天眼)부터가 그러하다.

천안은 쉽게 말해 인간이 아닌 천인(天人)의 눈을 말한다. 천안을 가진 이들은 정교하고 세밀한 것까지 모두 볼 수가 있다. 천안을 통해 부처님은 모든 중생의 마음을 읽는다.

혜안(慧眼)은 지혜의 눈을 의미한다. 우리가 그토록 원하는 눈의 능력이다. 지혜의 눈은 부처님께서 말씀하시는 존재와 세상을 연기의 원리, 즉 공(空)의 원리로 볼 수 있는 능력을 말한다. 말하자면 깨달은 이라야 갖출 수 있는 지혜의 눈이다. 그러니까 '제3의 눈'도 여기에 해당한다고 볼 수 있다.

다음은 법안(法眼)이다. 법안은 법의 눈으로써, 중생을 깨달음으로 이끄는 능력이라고 말할 수 있다. 그러니까 중생의 근기를 알아보는 눈인 셈이다. 중생의 근기를 알아보고, 그에 따라 부처님의 가르침을 전하는 지혜의 눈이다.

마지막은 불안(佛眼)이다. 불안은 말 그대로 부처님의 눈이다. 부처님은 모든 것을 꿰뚫어보는 통찰의 눈을 지녔다. 앞의 네 가지 눈을 모두 가진 것이 바로 불안의 능력이다. 부처님의 완전한 지혜와 통찰력을 다 갖춘 눈이 바로 불안이다.

부처님은 이렇게 특별한 눈을 통해 수많은 중생의 마음을 헤아린다고 한다. 중생이 헤아릴 수 없이 많으니, 중생의 마음 또한 많을 테고, 그들의 갖가지 마음에 깃든 번뇌 망상 또한 얼마나 많겠는가. 그런 중생의 마음을 오안의 부처님은 지혜의 눈이 있기에 다 아신다고 한다. 그러면서 하시는 말씀, "마음은 다 마음이 아니라, 그 이름이 마음일 뿐이다!" 왜냐하면 마음은 매 순간 변하여서 어느 때도 잡을 수가 없기에 그러하다.

오안(五眼)	현상계와 진리를 모두 꿰뚫어보는 부처님의 다섯 가지 눈의 능력
육안(肉眼)	육체의 눈, 생물학적 기관으로서 갖는 눈, 범부의 눈
천안(天眼)	천인의 눈, 육안의 한계를 뛰어넘어 사물을 보는 눈
혜안(慧眼)	지혜의 눈, 현상을 통찰하여 사물의 본질까지 꿰뚫어보는 눈, 아라한의 눈
법안(法眼)	법의 눈, 지혜의 눈을 가질 뿐 아니라, 그러한 눈의 능력으로 중생을 살필 수 있는 눈, 보살의 눈
불안(佛眼)	부처의 눈, 깨달음의 지혜로 모든 것을 통찰하여 살피는 각자(覺者)의 눈

마지막에 나오는 "과거심불가득 현재심불가득 미래심불가득(過去心不可得 現在心不可得 未來心不可得)"은 『금강경』에서도 아주 유명한 구절이다. "과거의 마음도 얻을 수 없고, 현재의 마음도 얻을 수 없으며, 미래의 마음도 얻을 수 없다."라는 말씀이다.

이는 곧 우리의 시간 개념을 생각하게 만든다. 시간은 쉼이 없다. 이미 지나간 마음은 돌이킬 수가 없고, 현재의 마음도 내 것이 아니다. 미래의 마음은 아직 오지 않았으니 존재하지도 않는다. '과거, 현재, 미래'라는 단어는 그저 인간의 생각으로 만든 것이다.

그러니 후회할 과거도, 불안한 미래도 없다고 생각하는 게 좋다. 과거를 돌아보면서 돌처럼 딱딱하게 굳어 있을 필요 하나도 없다. 시간이 지났는데도 자꾸 미련을 갖고 뒤를 돌아보면, 현재와 미래까지도 돌처럼 굳어져서 발전이 없기 때문이다. 그저 이 순간을 열심히 사는 것이 지금 내가 할 수 있는 전부인 것이다. 그렇다고 해서, 이 순간이 영원한 것도 아니다. 잡을 수 있는 것은 아무것도 없다. 남은 것은 오직 무상한 현상일 뿐이다.

선가(禪家)에 내려오는 이야기 중에 다음과 같은 선문답이 있다. 2조 혜가 스님이 달마 대사를 찾아갔을 때, 그는 스승에게 이렇게 물었다.

"제 마음이 불안합니다. 저의 마음을 편안하게 해주십시오."

이에 달마 대사가 대답했다.

"그래? 그럼, 그 불안한 마음을 가져오너라. 내가 편안하게 해주겠다."

이 말을 들은 혜가 스님은 불안한 마음이 어디 있는지 한참을 생각했다. 그러나 아무리 생각해도 찾을 수 없었다.

"아무리 찾아도 제 마음을 찾을 수가 없습니다."

그 대답을 듣고 달마 대사가 말했다.

"내가 이미 너의 마음을 편안하게 해주었다."

마음에는 실체가 없다. 아무리 괴로워한들 꺼낼 수 없는 것이 마음이다. 그러므로 부처님은 분명히 말씀하셨다. "모든 마음은 다 마음이 아니라, 그 이름이 마음일 뿐이다."라고. 마음은 실재하지 않는다. 얻을 수 없는 허망한 상일 뿐이다. 중생의 마음은 다 상황에 따라 나타나는 상대적인 것들이다. 그러하기에 과거의 마음도, 현재의 마음도, 미래의 마음도 얻을 수 없는 것이다. 그저 내가 부여잡고 있을 뿐!

생각해 보라.

살아가면서 우리를 힘들게 하는 것은 원하는 것을 이루지 못했기 때문이 아니다. 내가 원하는 그 마음을 스스로 내려놓지 못해서 괴로움이 생긴다. 우리의 마음이 극락과 지옥을 만들고, 우리의 마음이 우리가 처하는 경계와 상황을 만든다. 그러니 어서 빨리 망상부터 비워버리자.

깨달음을 구하면서도 중생의 손을 놓지 않고
제도하는 이가 보살인 줄로만 알았더니,
그게 다가 아니라고 한다.
진정한 보살은 깨달음을 구한다는 생각이 없다.
중생을 제도한다는 생각도 없다.
어떠한 생각도 만들어내지 않고,
실천에 옮길 수 있어야 한다.
세상의 무상한 이치만 이해한다면,
집착을 내려놓기는 한결 수월해진다.

답을 정해 둔 사람은
설득하기 어렵다

◎

제19. 법계통화분

法界通化分 第十九
법 계 통 화 분　제 십 구

須菩提 於意云何 若有人 滿三千大千世界七寶
수보리 어의운하 약유인 만삼천대천세계칠보

以用布施 是人 以是因緣 得福多不 如是 世尊 此人
이용보시 시인 이시인연 득복다부 여시 세존 차인

以是因緣 得福 甚多 須菩提 若福德 有實 如來
이시인연 득복 심다 수보리 약복덕 유실 여래

不說得福德多 以福德 無故 如來 說得福德多
불설득복덕다 이복덕 무고 여래 설득복덕다

제 19. 법계를 두루 교화하다

"수보리야, 그대는 어떻게 생각하는가? 만약 어떤 사람이 삼천대천세계에 가득한 금은보화를 가지고 널리 보시하였다면, 이 사람이 지은 인연으로 얻게 되는 복이 많겠는가?"
"그렇습니다, 세존이시여. 그 사람은 그러한 인연으로 얻게 되는 복이 매우 많습니다."
"수보리야, 만약 복덕이 실체가 있는 것이라면 여래가 '복덕을 얻는 것이 많다'라고 말하지 않았을 것이다. 복덕이란 본래 없는 것이므로, '복덕을 얻는 게 많다'라고 여래가 말한 것이다."

●

경전 강의를 하다 보면, 남에게 보시를 많이 해야 한다는 말을 입에 달고 산다. 재보시(財布施)든 법보시(法布施)든 무외시(無畏施)든 상관없이 할 수 있는 한 해야 하며, 반드시 지혜와 자비의 방편을 써서 행해야 한다. 중생에 대한 대자비심을 실천에 옮기려면 그렇게 할 수밖에 없고, 그래야만 깨달음으로 가는 보살의 삶을 살아가는 것이 된다. 그런데, 가끔은 나도 모르게 이런 생각이 들어 스스로에게 묻는다. '보시를 많이 한다고 해서 정말 깨달음을 이룰 수 있는 것일까.'라고.

제19. 「법계통화분(法界通化分)」은 법계를 두루 교화한다는 내용이다. 역시나 보시(布施)에 관한 내용이 주를 이룬다. 남에게 베푸는 것이 얼마나 복이 되는지, 그 인연의 결과에 대해서도 충분히 느끼도록 해준다. 실제로 우리는 어려운 이를 돕고 나면 힘이 생긴다. 자존감이 높아지고 뭔가 뿌듯해지는 것이 사실이다.

이는 실제 연구 실험 결과로 밝혀진 바가 있는데, 심리학자 애덤 그랜트(Adam Grant)의 저서 『기브앤테이크』(생각연구소, 2013)에서 찾아볼 수 있다. 베푸는 행동은 행복과 삶의 의미를 향상시킨다는 사실이다. 심리학자 엘리자베스 던(Elizabeth Dunn)과 라라 애크닌(Lara Aknin), 그리고 마이클 노턴(Michael Norton)이 함께 수행한 연구에서, 실험 참가자들은 아침에 자신이 느끼는 행복에 점수를 매겼다. 그런 다음 20달러가 든 봉투를 받았는데, 그 돈을 오후 다섯 시까지 쓰는 것이 미션이다. 이후 다시 행복 점수를 매겼을 때, 그 돈을 자신을 위해 쓴 사람과 남을 위해 쓴 사람 중 누가 더 행복하다고 느꼈을까? 대개는 자신을 위해 쓴 사람이 더 행복하리라고 생각하지만, 사실은 그 반대다. 실험에서 다른 사람을 위해 돈을 쓴 사람이 더 많이 행복해졌다고 대답했다. 경제학자들은 이 현상을 '베풂의 따뜻한 빛'이라 부르고, 심리학자들은 '돕는 사람의 희열'이라고 칭한다. 신경과학 분야에서 최근에 발견한 바에 따르면 베풂은 보상과 의미를 느끼는 뇌의 중추를 실제로 활성화한다. 우리가 남을 이롭게 하는 행동을 하면 뇌가 삶의 목적과 기쁨을 느끼게 해주는 것이다. 이것만 보더라도 보시는 남과 나 모두에게 복을 짓는 이로운 행위임을 알 수 있다.

그런데, 거기서 멈추면 좋으련만, 뿌듯함과 넉넉해진 마음을 어떻게든 표현하고 싶어한다. 선행으로 인하여 흡족한 마음이 생겼으니, 이미 보상은 충분하다. 그런데 알지 못하는 사람들에게도 자기가 한 착한 일에 대해 칭찬받고 싶은 것이 문제다.

이런 마음은 깨끗한 보시가 되지 못하여 상대를 불편하게 만든다. 도움받은 사람에게는 자존심을 상하게 만들고, 탐탁지 않게 여기는 사람도 생길 수 있다. 남에게도, 나 자신에게도 상을 내지 않아야만 진정한 보시가 된다. 또 그래야만 복이 원만해진다.

복덕(福德)에는 달리 실체가 없음을 설명하기 위하여 부처님은 또다시 부정의 화법을 사용한다. 『금강경』을 읽으면서 이미 여러분도 여러 번 느꼈을 것이다. 부처님은 계속해서 '부정의 부정'을 거듭하는 화법을 이용한다는 사실을 말이다. 이를테면, 우선 아니라고 말하고, 아니기 때문에 오히려 맞는다고 말하는 구조다. 한두 군데만 그렇게 나오는 것이 아니다. 부정의 부정은 『금강경』 전체에 걸쳐 반복되고 있다.

이러한 부정의 논리를 설명하기 위해 사용하는 것이 '즉비(卽非)'이다. 또 이것을 구체화한 것이 '팔비(八非)' 또는 '팔불(八不)' 화법이라는 것이다. 특이하게도 '즉비(卽非)'나 '팔비(八非)'라는 단어가 직접 경전에 언급되지는 않는다. 다만 『금강경』의 전반적인 가르침이나 화법, 사상을 표현하는 데 있어서 이와 같은 개념이 사용된 것은 분명하다.

그럼, 먼저 '즉비'의 논리부터 살펴보자. 이것은 '긍정 → 부정 → 긍정'의 패턴을 갖는다. 어떤 개념을 긍정적으로 제시하면, 그 개념을 부정하고, 그 뒤에 앞에서 부정한 개념을 다시 긍정하는 구조다.

A 즉비(卽非) A, 시명(是名) A
→A는 곧 A가 아니다. 그 이름이 A다.
(= A는 곧 A가 아니므로, A라고 이름한다.)

해석에는 약간 차이가 있지만, 의미는 거의 비슷하다. 모든 현상이 가진 허상을 말하고자 하는 의도가 들어 있는 화법이다. 자, 예를 들어, 여기 내 눈앞에 보이는 것들이 있다. 분명 내 앞에 존재한다. 그러나 그것을 공성(空性)의 안목으로 보면 실체를 찾을 수가 없다. 부처님의 가르침인 무상(無常)의 원리에 의하면, 이 세상에 멈춰 있는 것은 아무것도 없기 때문이다. 어떤 것이든 이 세상에 실재한다고 하는 근거가 될 만한 것이 없다. 그저 저마다의 이름이 붙어 있을 뿐이다.

자, 다음에는 팔비(八非)를 살펴보자.

팔비(八非) - 여덟 가지 부정			
1. 불생(不生)	생겨남이 아니다	5. 불일(不一)	하나가 아니다
2. 불멸(不滅)	소멸함이 아니다	6. 불이(不異)	다름이 아니다
3. 불상(不常)	영원함이 아니다	7. 불래(不來)	옴이 아니다
4. 부단(不斷)	단절됨이 아니다	8. 불거(不去)	감이 아니다

팔비, 즉 팔부중도(八不中道)라고 불리는 개념 또한 모든 현상이 본질적으로는 공(空)함을 나타내기 위해 사용되었다. 모든 것은 조건적·상호 의존적으로 발생하는 것이기에, 어느 것도 실재한다고 볼 수 없다. 따라서 그렇게 연기된 것들로 이루어진 세상을 보고 우리는 공하다고 하는 것이다.

원래 이 개념은 대승불교의 아버지라 불리는 용수(龍樹, 150?~250?) 스님이 『중론(中論)』에서 제시한 것인데, 중관(中觀) 사상의 핵심 내용을 설명하면서 활용되었다. 중관 사상은 공 사상을 논리적으로 풀어서 이해하기 쉽도록 도와준다. 즉, 세상에 존재하는 모든 것들은 다 내 마음이 만든 것이지, 실재하는 것이 아님을 밝혀주는 논리다. '팔비'가 보여주는 것처럼, 서로 대립하는 '생멸(生滅), 단상(斷常), 일이(一異), 거래(去來)'의 여덟 가지 개념을 긍정이 아닌 부정을 통해 어느 한쪽으로도 치우치지 않도록 하는 가르침이다. 불교에서 말하는 중도(中道) 사상이 여기 담겼다.

머릿속에 큰 방을 염두에 두었다가 작은 방을 보면 크다거나 작다는 개념이 생기듯, 짧다는 생각이 길다는 생각을 만들어내고, 온다는 생각이 다시 간다는 생각을 만들어낸다. 각각 머릿속에서 만들어낸 조건에 의지하여 새로운 생각들이 탄생한 것이다. 크고 작음, 짧고 긺은 모두가 연기적으로 발생한 것이지, 애초에 그런 건 없었다는 것이다. 그러하기에 세상 만물이 공하다고 말한다. 이런 이야기를 하는 이유는 생각에 속지 말고, 양극단에서 벗어나는 지혜의 눈을 가지라는 것이다.

이름에
속지 말자

◎

제20. 이색이상분

離色離相分 第二十
이색이상분 제이십

須菩提 於意云何 佛 可以具足色身 見不 不也 世尊
수보리 어의운하 불 가이구족색신 견부 불야 세존
如來 不應以具足色身 見 何以故 如來 說具足色身
여래 불응이구족색신 견 하이고 여래 설구족색신
卽非具足色身 是名具足色身 須菩提 於意云何 如來
즉비구족색신 시명구족색신 수보리 어의운하 여래
可以具足諸相 見不 不也 世尊 如來 不應以具足諸相
가이구족제상 견부 불야 세존 여래 불응이구족제상

見 何以故 如來 說諸相具足 卽非具足 是名諸相具足
견 하이고 여래 설제상구족 즉비구족 시명제상구족

제20. 색도 떠나고 상도 떠나라

"수보리야, 그대는 어떻게 생각하는가? 잘 갖춰진 육신의 모습으로써 부처라고 볼 수 있겠는가?"

"아닙니다, 세존이시여. 잘 갖춰진 육신의 모습이라고 해서 반드시 여래라고 볼 수는 없습니다. 왜냐하면 여래께서 말씀하신 잘 갖춰진 육신의 모습이란 곧 잘 갖춰진 육신의 모습이 아니고, 그 이름이 잘 갖춰진 육신의 모습일 뿐이기 때문입니다."

"수보리야, 그대는 어떻게 생각하는가? 여러 가지 상호를 잘 갖추었다고 해서 여래라고 볼 수 있겠는가?"

"아닙니다, 세존이시여. 여러 가지 상호를 잘 갖추었다고 해서 여래라고 볼 수는 없습니다. 왜냐하면 여래께서 말씀하신 여러 가지 상호를 잘 갖추었다는 것은, 곧 여러 가지 상호를 잘 갖춘 것이 아니라, 그 이름이 여러 가지 상호를 잘 갖춘 것일 뿐이기 때문입니다."

스님은 작명을 잘할 거라는 선입견 때문인지는 몰라도, 아기가 태어났다고 이름을 지어달라고 하는 경우가 더러 있다. 사람의 이름을 짓는 일은 전 세계 어디서든, 그리고 누구에게든 매우 중요한 일인지라, 나름 신중하게 이름을 지어준다.

그러고 보니, 예전에는 집안 내력을 중시하여 해당 항렬에 정해진 돌림자를 넣어 짓는 경우가 많았다. 돌림자를 통해 형제임을 알 수 있거나, 누구의 몇 세손이라 하여 집안의 자랑으로 삼고자 하는 경우였다. 반면, 요즘엔 현대적이고 세련된 이름으로 지어주었으면 하고 바라는 분들이 많다. 또 앞으로 성장해서 어떤 특정 직업을 가진 사람으로 살았으면 하는 바람을 담아 부탁하기도 한다. 물론 그렇게 부탁한다고 해서 그 소망을 이루어줄 만한 이름을 지어주지도 못한다. 그리고 요즘엔 아무리 부모가 고심해서 이름을 지었어도 자기 맘에 안 들어서, 또는 다른 이름이 더 예뻐 보인다는 이유로 성장한 후에 이름을 바꾸는 사람들도 많아졌다.

그럼, 우리는 왜 그렇게 이름을 중시하고 거기 매달릴까.

생각해 보면, 세상의 모든 명사(名辭)는 다 이름[名]이다. 우리 눈에 보이는 모든 것들에는 이름이 있다. 삶의 모든 것들에 이름이 있고, 나를 이루는 모든 것에도 이름이 있다. 하물며 사람 이름이야 있는 것이 당연하다. 특별한 이름이어도 좋고, 뇌에 각인되는 이름이어도 좋다. 흔한 이름도 그 이름대로 평범해서 좋다고 본다. 어쨌든 각자에게는 자신을 나타내는 소중한 이름이기에 그렇다.

이렇게 장황하게 이름에 대해 말하는 이유는 『금강경』을 펼쳐보면, '이름일 뿐'이라는 말이 많이 나오기 때문이다. 눈에 보이는 모든 것에 이름이 붙었어도, 그것은 단지 '이름일 뿐'이라고 한다. 이 말은 곧 세상 모든 것이 무상하여 변하지 않는 것이 없으므로, 붙여진 이름이 그 실체를 그대로 대변한다고 볼 수는 없다는 의미다. 늘 그렇듯이, 연기와 공 사상에 근거하여 바라보았을 때 그렇다는 말이다.

단도직입적으로 표현하자면, **'잘 갖추어진 몸[相好]'이라는 것도, '여래(如來)'라는 단어도 그 이름에 속지 말아야 한다. 물질이건 마음이건, 각각에 붙여진 모든 이름의 것들은 독립적으로 실재하는 것들이 아니라, 의존적으로 발생하는 것들이기 때문이다.** 무엇이 있다고 하려면 실체가 있어야 하는데, 이름이 붙어 있는 것들은 다 인연에 의해 이루어졌다.

불교에서는 진리를 '달'에 비유하고, 진리를 설명하는 것을 '손가락'에 비유하는 경우가 많다. 그러면서 이구동성으로 "달을 봐야지, 달을 가리키는 손가락을 보아선 안 된다."라고 강조한다. 여기에서의 손가락이 『금강경』에서 말하는 '이름'이다. 손가락은 모든 것을 가리킬 수 있다. 꿈을 이야기하며 저 하늘의 별을 가리킬 수도 있고, 비난의 눈총으로 누군가를 가리킬 수도 있다. 온갖 사물을 다 가리킬 수 있지만, 정작 가리키고 있는 '손가락' 자체는 가리킬 수가 없다. 그러니 이름에 연연할 일이 아니다. 이름은 고작 고정관념만 만들어낼 뿐이다.

말은 생각을 담는 그릇이다

◎

제21. 비설소설분

非說所說分 第二十一
비설소설분 제이십일

須菩提 汝勿謂如來作是念 我當有所說法 莫作是念
수보리 여물위여래작시념 아당유소설법 막작시념
何以故 若人 言 如來 有所說法 卽爲謗佛
하이고 약인 언 여래 유소설법 즉위방불
不能解我所說故 須菩提 說法者 無法可說 是名說法
불능해아소설고 수보리 설법자 무법가설 시명설법
爾時 慧命須菩提 白佛言 世尊 頗有衆生 於未來世
이시 혜명수보리 백불언 세존 파유중생 어미래세

聞說是法 生信心不 佛言 須菩提 彼非衆生 非不衆生
문 설 시 법 생 신 심 부 불 언 수 보 리 피 비 중 생 비 불 중 생
何以故 須菩提 衆生衆生者 如來說非衆生 是名衆生
하 이 고 수 보 리 중 생 중 생 자 여 래 설 비 중 생 시 명 중 생

제21. 설한 바가 없다

"수보리야, 그대는 여래 스스로 '나는 반드시 설한 바가 있다'라고 생각할 것이라고 말하지 말라. 그런 생각도 하지 말라. 왜냐하면 만약 어떤 사람이 '여래는 설한 바가 있다'라고 말한다면, 이것은 곧 부처님을 비방하는 것이 되며, 내가 말한 것을 전혀 이해하지 못하는 것이 되기 때문이다. 수보리야, 설법이라고 하는 것은 설할 수 있는 법이 없기에, 설법이라고 말하는 것이다."
그때 지혜로운[慧命] 수보리가 부처님께 말씀드렸다.
"세존이시여, 많은 중생이 다음 세상에 이런 도리에 대한 설명을 들으면 믿을 사람이 있겠습니까?"
부처님께서 말씀하셨다.
"수보리야, 그들은 중생도 아니고, 중생이 아닌 것도 아니다. 왜냐하면 수보리야, 중생, 중생하는 것도 '중생이 아니라, 그 이름이 중생일 뿐이다'라고 여래가 말하기 때문이다."

지렁이는 뇌가 없다고 한다. 그러나 입속에 신경세포가 있어서 혓바닥 같은 역할을 한다. 뇌가 없이 촉각과 미각만 가지고 살아가는 것이다. 해삼, 멍게, 말미잘 등도 뇌가 없다고 한다. 뇌가 없는 생물을 찾아봤더니, 대부분 해양 생물들이었다. 뇌는 없지만, 몸 전체에 분산된 신경망을 가지고 있어서 놀랍게도 다양한 방식으로 생존하고 학습할 수 있다. 예를 들어, 해파리는 신경세포가 몸 전체에 균일하게 분포된 산만신경계를 가지고 있고, 불가사리는 각 팔 끝에 눈을 가지고 있어 빛을 감지할 수 있다는 식이다.

갑자기 이런 이야기를 꺼낸 이유는 모든 생명체의 뇌는 몸의 움직임과 관계가 있지만, 수행을 하면 뇌의 기능보다는 감각기관의 촉을 더 발달시킨다는 이야기를 하기 위해서다. 참선(參禪) 수행이나 위빠사나(Vipassanā) 수행만 보아도 지속적인 반복훈련을 통해 직관을 발달시킨다는 것을 알 수 있다. 즉 뇌의 활동이 중심이 아니라, 몸의 일부분으로 뇌를 종속시키는 훈련을 하기 때문이다. 머리를 자꾸 굴려봤자, 중생에겐 골치만 아파지는 격이다. 그렇다고 해서, 이런 설명을 오해해서 '그럼, 감각기관에만 의존해서 살아가라는 것인가?'라고 엉뚱한 생각을 일으키면 곤란하다. 다시 말하지만, 이런 이야기를 하는 이유는 다 '상을 내려놓자, 번뇌 망상을 버리자, 고정관념에 빠지지 말자'라는 등의 주장을 펴기 위함이다.

자, 이제 『금강경』으로 돌아가서 제21.「비설소설분(非說所說分)」을 읽어보자. 이 부분은 여래가 법을 설했다는 상을 갖지 말라는 이야기로 시작한다. 깨달은 이의 입장에서는 설한 바가 남아 있지 않다는 뜻이다. 그러니 여래가 법을 얼마나 설했다는 등의 생각을 일으키는 것은 헛된 생각일 뿐이다.

그리고 뒷부분으로 가면 '중생의 본질'에 대해 논하는데, 특히 재밌다. 우선 상(相)을 갖지 말라는 가르침을 듣고 믿음을 낸 자는 더 이상 중생이 아니다. 또, 부처님은 중생에 대하여 중생이라고 할 수도 없고, 중생이 아니라고 할 수도 없다고 하셨다. 즉, 중생은 어떠할 것이라는 고정관념에서 벗어나기 때문이다. '중생'과 '중생 아님'의 이분법적 사고를 비판하는 내용이다. **중생이라는 이름에 집착하여 중생이라고 생각하면 우리는 모두 중생이 된다.** 둘로 나누어 생각해 버릇하는 중생의 사유 방식을 꼬집는 내용이다.

여기서 잠깐 옛이야기 하나 꺼내보자. 선입견이 만든 불행한 사건에 대한 이야기다. 홀로 아들 하나를 키우고 있던 한 상인이 있었다. 어느 날 아버지가 집을 비운 사이, 어린 아들이 도적에게 유괴당했다. 도적들은 떠나면서 마을을 파괴하고 불을 질렀다. 아버지가 돌아와 보니, 마을은 온통 숯으로 변했고, 자신이 살던 집 근처에는 검게 탄 아이의 시신이 놓여 있었다. 그 모습을 본 상인은 그 시신이 자기 아들이라고 생각하였다. 그는 하염없이 울며 아들의 장례를 치렀다. 그리고 화장한 아들의 재를 주머니에 넣어 목에 걸고 다녔다.

몇 달이 지난 뒤, 유괴된 아들이 도적들로부터 도망쳐서 집으로 돌아왔다. 집에 도착한 아들은 밤중에 집 대문을 두드리며 아버지를 불렀다. 하지만 아버지는 동네 아이들이 자기 집 문을 두드리는 줄 알고 문을 열어주지 않았다. 아들은 계속해서 아버지를 부르며 문을 두드렸지만, 아무리 두드려도 굳게 닫힌 대문은 열리지 않았다.

아버지는 아들이 죽었다는 생각에 빠져 누군가가 자신을 향해 '아버지'라 부르는 것조차 화가 나고 슬프기만 했다. 결국 아들은 집을 떠날 수밖에 없었다. 잘못된 생각에 사로잡힌 아버지는 이번에야말로 정말 아들을 잃어버리고 만 것이다.

이 얼마나 안타까운 이야기인가. 그러나 부처님이 보기엔 우리도 마찬가지다. 이 이야기에서처럼, **우리가 가진 고정관념이나 각자 가진 견해에 집착하면, 진리가 아무리 문을 두드려도 우리 스스로 진리가 안으로 들어오지 못하게 하는 것과 같다. 고정관념을 버려야 나를 옭아매는 것에서 벗어날 수 있다.**

불교에 '본래면목(本來面目)'이라는 말이 있다. 말 그대로 '본래의 얼굴'이라는 뜻에서 비롯되었다. 『육조단경』에 나오는 구절이다. 주인공인 혜능 스님이 혜명 스님에게 선(善)도 생각하지 말고, 악(惡)도 생각하지 말라며, '본래면목'을 찾도록 유도하는 대목이 있다. 분별심으로 한 생각도 일으키지 않고, 그 이전의 마음자리를 가리켜 본래면목이라고 한다. 그리고 이 본래면목을 천진면목(天眞面目), 실상(實相), 법성(法性), 열반야제(涅槃若提), 본지풍광(本地風光)이라고도 일컫는데, 중생이 태어날 때부터 지니고 있는 심성(心性), 깨달음의 경지에서 나타나는 자연 그대로의 심성, 또는 가식(假飾)이나 인위(人爲)를 더하지 않고 모든 중생이 갖추고 있는 본연의 심성을 말한다. 평소 우리가 자주 쓰는 말 중에 '면목이 없다'라고 하는 것은 인간된 도리로서 본모습[佛性]을 잃었단 말이고, '면목이 선다'라는 말은 자신의 참모습, 즉 불성을 제대로 간직하고 있다는 것이다.

부처님은 인생을 살아가면서 흑백논리로 나누어 도출된 중생의 판단은 전부 잘못되었다는 점을 알려주신다. 모든 현상은 그냥 자연스럽게 인연의 조합으로 만들어진다. 그런데 중생들은 자신들도 그렇게 살아가면서 거기에 더해 분별을 일으킨다. '좋다, 나쁘다', '예쁘다, 못생겼다', '크다, 작다', '높다, 낮다' 등으로 나누어놓고 괴로워한다는 것이다.

거듭 말하지만, 이 세상 어느 것도 실재하지 않고, 그저 상호 조합에 의해 형성된 것임을 밝혀낸 것이 깨달음이었다. 어떤 상태나 사물의 속성을 파악하여 부처님이 내리신 결론이 '연기(緣起)'였던 것이다. 깨달음의 눈으로는 언제 어디서든 확인할 수 있으며, 한순간도 멈추지 않고 원인과 결과가 이어지고 있음을 알 수 있다.

부처님은 수보리 존자와의 대화를 통해 존재와 사물에 대한 고정관념에 매몰되지 않도록 가르치시는 중이다. **말은 생각을 담아내는 그릇이기에, 부처님은 거듭거듭 부정하신다. 그러니까 중생이든 부처든 고정된 생각을 전제하지 않고 바라볼 수 있다면, 이는 곧 깨달음의 세계에 진입한 것이다.**

손가락은 모든 것을 가리킬 수 있다.
꿈을 이야기하며 저 하늘의 별을 가리킬 수 있고,
비난의 눈총으로 누군가를 가리킬 수도 있다.
온갖 사물을 다 가리킬 수 있지만,
정작 가리키고 있는 '손가락' 자체는 가리킬 수가 없다.
그러니 이름에 연연할 일이 아니다.
이름은 고작 고정관념만 만들어낼 뿐이다.

마음을 열면

우리가 아무리 간절히 원한다 해도,
부처님이 신통력을 부려서 우리를
깨달음의 목적지까지 데려다주지는 않을 것이다.
다만 『금강경』 같은 여러 경전을 통해
그 길을 자세히 알려주셨을 뿐이다.
결국 그 길을 가는 것은 우리들 각자의 몫이다.

날마다
좋은 날

◎

제22. 무법가득분

無法可得分 第二十二
무 법 가 득 분 제 이 십 이

須菩提 白佛言 世尊 佛 得阿耨多羅三藐三菩提
수보리 백불언 세존 불 득아뇩다라삼먁삼보리
爲無所得耶 佛言 如是如是 須菩提
위무소득야 불언 여시여시 수보리
我於阿耨多羅三藐三菩提 乃至無有少法可得
아어아뇩다라삼먁삼보리 내지무유소법가득
是名阿耨多羅三藐三菩提
시명아뇩다라삼먁삼보리

제 22. 얻을 법이 없다

수보리가 부처님께 말씀 올렸다.
"세존이시여, 부처님께서 최상의 깨달음을 얻으신 것은 얻은 바가 없기 때문입니까?"
부처님께서 말씀하셨다.
"그러하다, 수보리야. 내가 얻은 최상의 깨달음에서는 아주 작은 것도 얻은 바가 없다. 다만 그 이름이 최상의 깨달음이라고 할 뿐이다."

●

운문종의 개조인 운문 문언(雲門 文偃, 864~949) 선사가 말한 이야기 중에 "날마다 좋은 날(日日是好日)"이라는 말이 있다. 이 이야기는 『벽암록』 제6칙에 기록되어 있다.

하루는 운문 선사가 제자들에게 물었다.
"보름 이전의 일은 너희에게 묻지 않겠다. 보름 이후의 일에 대해 한마디씩 해보아라."
그러나 제자들은 할 말을 찾지 못했다. 말문이 막힌 제자들에게 운문 선사가 스스로 답하였다.

"날마다 좋은 날이다(日日是好日)."

이렇게 말하는 운문 선사에게는 시간을 나누는 모습이 보이지 않는다. 그는 어떤 상황이라 해도 좋은 시절로 만들 수 있는 사람이다. 깨달은 이후의 삶에는 좋고 나쁨에 대한 구분이 없기에 가능한 일이다. 그는 선입견을 만들거나, 그것을 삶에 적용하지도 않는다. 그저 인연이 이끄는 대로 순응하며 살아갈 뿐이다. 덕분에 매 순간 머무는 곳마다 평온을 유지할 수 있는 것이다.

생각해 보면, 우리는 처음부터 고정관념을 가지고 태어나지 않았다. 물론 타고난 업(業)을 따지자면 또 다른 이야기로 흘러야겠지만, 단순히 생각하면 태어난 환경이나 성장 과정에서 일어나는 일들, 교육 환경이나 매체의 영향에 의해 오히려 고정관념이 주입된다고 볼 수 있다.

깨달음에 대해서도 마찬가지다. 불교라는 종교를 잘 알지 못해도, 사람들은 깨달은 사람이 부처라는 것을 알고 있다. 또한 불교에서는 절대적 존재로서의 신을 믿지 않는다는 것도 알고 있고, 마음을 다스려 수행하는 종교가 불교라는 것쯤은 상식으로 생각한다. 그런데 알고 보면, 이것 또한 깨달음에 대한 고정관념이다.

가장 바르고 완전한 최상의 깨달음, 즉 아뇩다라삼먁삼보리(阿耨多羅三藐三菩提, anuttara-samyak-sambodhi)에 대해서 다시 살펴보자.

이것을 한자어로는 '무상정등각(無上正等覺)' 또는 '무상정변지(無上正遍智)'라고 한다. 가장 완전한 깨달음이며, 가장 올바른 지혜라는 의미를 담고 있다. 이는 불제자라면 누구나 바라는 수행 목표이기도 하다.

이러한 깨달음의 경지에 이르려면, 형상에도 집착하지 말고, 생각에도 집착하지 말아야 한다. **깨달음이란 결국 수행해 온 시간의 많고 적음을 따질 필요가 없는 문제다. 한순간에 깨달았건, 오랜 세월 노력하여 깨달았건 상관없다. 다만 우리의 관점을 획기적으로 전환할 수 있는지에 따라 달라지는 것이다.** 중생의 안목을 넘어 새로운 차원의 안목을 가져야만 가능한 일이다. 하물며 형상이나 관념에 집착하는 것이야 말할 필요도 없다.

예를 들어, 조주 종심(趙州 從諗, 778~897) 선사는 깨달음과 관련된 것들이 모두 몸에 걸친 의복과 같고, 번뇌라고 하셨다. 선사의 유명한 법어 가운데 "철로 된 부처는 용광로를 건너지 못하고, 나무로 조성된 부처는 불을 건너지 못하며, 진흙으로 빚은 부처는 물을 건너지 못한다."라는 말이 있다. '금불(金佛), 목불(木佛), 니불(泥佛)' 세 분 부처님의 이야기다. 형상에 집착하지 말라는 말씀을 이렇게 풀어준 것이다.

부처님의 깨달음은 어떤 것도 고정된 상태가 아니라, 끊임없이 변화하는 과정을 있는 그대로 받아들였을 때 일어나는 알아차림이다. 우리가 사는 세상에서는 시간과 공간의 조합 없이는 어떠한 현상도 만들어지지 않는다. 모든 것은 상대에 따라 달라지는 끊임없는 인연의 작용으로 이루어질 뿐이다.

그러므로, '깨달음은 이런 것이다'라고 설명하는 것조차 또 다른 **고정관념을 만들어내는 것이다. 특히, 언어를 사용하고 나면, 실제로 형태가 존재하지 않는 것들도 어떤 틀이 생겨버린다.** '레몬'이라는 단어를 말하면, 아니 떠올리기만 해도 입안에 침이 고이는 것과 같다. '청룡암'이라는 단어를 말하면 '청룡암'이라는 도량을 생각하게 되고, '화엄사'라는 이름을 들으면 '화엄사'라는 이름으로 구획된 한 영역에 잠시나마 내 생각이 머물게 된다.

그런데 이러한 생각과 언어가 오류를 만들어내게 된다. 나도 모르는 사이 선을 긋게 되고, 분별하고 차별하는 마음을 일으키게 된다. 우리는 깨달은 스승이기에 그를 '부처님'이라고 부르지만, 부처님은 그러한 깨달음을 얻었다는 생각이 일절 없다. 그 어떤 것에도 상(相)을 만들어내지 않기 때문이다. 깨달은 이는 언어를 통해 선을 긋지 않는다. 차별도 없다. 중생도, 부처도 없다. 분별하는 마음이 없다면, 애초에 '중생이다, 부처다' 하는 구별도 없어진다. 따라서 부처님은 최상의 깨달음에 대하여 아주 작은 것조차 얻은 바가 없다고 말씀하신 것이다.

입가에 미소가 떠나지 않을 정도로 너무나 멋진 사상 아닌가. 『금강경』은 이렇게 혁명적으로 우리들의 사유 방식을 바꾸어놓았다. 그래서 이 글을 읽는 당신에게도, 나에게도 오늘은 좋은 날! 날마다 좋은 날!

구름은 바람 없이
움직이지 않는다

◎

제23. 정심행선분

淨心行善分 第二十三
정 심 행 선 분   제 이 십 삼

復次須菩提 是法 平等 無有高下
부 차 수 보 리   시 법   평 등   무 유 고 하
是名阿耨多羅三藐三菩提 以無我無人無衆生無壽者
시 명 아 뇩 다 라 삼 먁 삼 보 리   이 무 아 무 인 무 중 생 무 수 자
修一切善法 卽得阿耨多羅三藐三菩提 須菩提
수 일 체 선 법   즉 득 아 뇩 다 라 삼 먁 삼 보 리   수 보 리
所言善法者 如來說卽非善法 是名善法
소 언 선 법 자   여 래 설 즉 비 선 법   시 명 선 법

제 23. 맑은 마음으로 선을 행하다

"수보리야, 다시 말하건대, 이 도리는 평등해서 높고 낮음이 없다(是法平等 無有高下). 이것의 이름이 최상의 깨달음이다. 나도 없고, 남도 없고, 중생도 없고, 수명도 없는 경지에서 여러 가지 선법(善法)을 닦으면 곧 최상의 깨달음을 얻을 것이다.
수보리야, 이른바 선법이란 것은 여래가 말하기를, 선법이 아니고 그 이름이 선법일 뿐이다."

●

무착(無著, Asaṅga) 보살이 지었다고 하는 『대장엄론(Mahāyāna-sūtrālaṃkāra)』 3권에 '야사(耶舍)의 인두매(人頭賣)' 이야기가 있다. 불교의 가르침을 바탕으로 하여 도덕적 통치를 실천했다고 일컬어지는 아소까 왕(Aśoka, 阿育王, 기원전 304년경~기원전 232년경) 시대에 죽은 사람의 머리를 내다 파는 이야기다.

살짝 각색하여 이야기하면, 이러한 내용이다. 전쟁의 무상함을 절실히 느끼고 불교에 귀의한 아소까 왕은 비구들만 보면 늘 공경하는 마음으로 발아래 절을 올렸다. 왕의 신분으로서 하심(下心)하지 않고는 쉽지 않은 일이다. 그런데 당시 신하였던 '야사'라는 대신이 아소까 왕의 이러한 행동을 보고, 스님들을 하찮게 여기며 몹시 못마땅해 했다. 왕이 이 사실을 알고 하루는 대신들을 다 모아놓고 명령을 내렸다.

"내가 이제 여러 동물의 머리가 필요하니, 아무개 대신은 이 동물의 머리를 구해 오고, 아무개 대신은 이 동물의 머리를 구해 오고, 아무개 대신은 이 동물의 머리를 구해 오고, 야사 대신은 죽은 사람의 머리를 구해 오시오. 단, 살생을 해서는 아니 되오."

대신들은 명을 받은 대로 여러 동물의 머리를 구해 왔다. 야사도 어떻게 해서 죽은 사람의 머리를 구해 왔다. 왕은 여기서 멈추지 않고, 시장에 나가 그것을 되팔아오라고 명했다. 다른 대신들은 시장에 나가서 머리를 팔아 돈을 받았는데, 야사가 구해 온 머리만은 도무지 팔리지 않았다. 아니, 팔리기는커녕 사람들로부터 미친 사람이라고 욕만 실컷 먹었다.

"백정(白丁)도 아니고, 야차(夜叉), 나찰(羅刹)도 아니면서 왜 죽은 사람의 머리를 가지고 다니는 거요?"

야사는 하는 수 없이 왕에게 돌아와 죽은 사람 머리는 도저히 팔리지 않는다고 호소했다. 왕은 그렇게 팔기 어려우면 그냥 주고 오면 되지, 왜 도로 가지고 왔느냐고 했다. 하는 수 없이 야사는 다시

시장에 나가 누구라도 그냥 줄 테니, 머리를 가져가라고 사람들에게 외쳤다. 그러나 역시 허사였다. 사람들은 가까이 오려고 하지도 않았다. "저 사람이 미치지 않고서야 저럴 수가 있는가."라며 정신병자 취급을 했다. 야사는 다시 돌아가 왕에게 고했다.

"보는 사람마다 다 싫어하고 천하게 여기며, 저를 정신병자 취급을 합니다."

이때 아소까 왕은 야사에게 물었다.

"이 사람의 머리만 싫어하는가? 다른 사람의 머리도 싫어하는가? 만일 내 머리라면 어떨 것 같은가?"

"대왕이시여, 사람들은 어떤 사람이건 시체 머리는 싫어합니다. 대왕의 머리도 싫어할 것입니다."

그제야 왕은 자신이 하고자 하는 말을 꺼냈다.

"그렇게 죽은 사람의 머리를 귀천 없이 다 싫어한다면, 모든 사람이 다 평등하다는 말인데, 어찌하여 그대는 출신을 따지면서 사람을 차별하는가?"

야사는 더 이상 말도 못하고 고개 숙여, 진정 지난 잘못을 뉘우쳤다고 한다.

다른 이야기와는 달리, 이 이야기는 인간의 존귀함이나 우월감을 바탕으로 이야기가 전개되지 않는다. 불교에서 찾아볼 수 있는 많은 비유에 비하면, 꽤 부정적인 내용을 기반으로 한다고 볼 수 있다. 오히려 사람의 시체는 짐승만도 못한 취급을 받고 있다. 소나 돼지는 죽은 다음에도 높은 가격을 매겨 팔리지만, 죽은 사람은 그냥 줘도 받지 않는다. 그것이 설령 왕의 머리라 할지라도 마찬가지다.

불교는 모든 생명의 본질적인 평등을 강조하는 종교다. 모든 생명 있는 존재들도 평등하고, 모든 법 또한 평등하다고 가르친다. 사람에게는 귀천이 없다. 모든 생명체는 본질적으로 동등하다. 그러나 알다시피, 우리가 아는 부처님의 나라 인도에는 '카스트' 제도가 있었다. 인간을 출생 신분에 따라 네 계급으로 나누어 대하는 불평등한 사회제도다. 이런 불평등한 악습 때문에, 인도 땅의 많은 이들이 괴로움에 시달려야 했다. 불합리한 제도임에도 불구하고 그 땅에 뿌리 깊게 자리 잡고 있다.

성도 후, 부처님은 가르침을 전파하시면서 "사람은 태어날 때부터 귀천이 없으며, 다만 그 행위에 따라 귀천이 있을 뿐"이라고 강조하셨다. 출신을 따지지 말고, 행위를 물으라는 말이다. 모든 인간은 날 때부터 평등하지만, 혹여 그들 사이에 차이가 있다면 그것은 업(業)의 차이일 뿐이다. 행위에 따라 결과가 달라지는 것은 당연하니까.

이렇게 불교는 계급사회의 불합리성을 지적하며 세상으로부터 환영받았다. 불교는 인간을 대할 때만 평등을 주장한 것이 아니다. 깨달은 이의 입장에서 보면, 세상 만물이 다 평등하다. 그러한 세상의 원리를 바탕으로 불교는 사바세계의 많은 문제들을 풀어갔던 것이다.

『금강경』에서는 상을 내려놓고 선법(善法)을 닦으면 최상의 깨달음을 얻을 수 있다고 말한다. 나도 없고, 남도 없고, 중생도 없고, 수명에 대한 상도 없어야 진정한 수행이 가능해진다. 기존에 가졌던 사유 방식이나 가치관, 세계관 등을 가진 채로 선법을 닦는다고 해서 깨달음이 얻어지는 게 아니다. 기존의 것들을 다 놓아버려야 새로운 깨달음의 세계로 들어설 수 있는 것이다.

그럼, 『금강경』에서 말하는 선법이라는 것은 과연 무엇일까?

그것은 계를 잘 지키고 올바른 신행 생활을 하는 것을 포함할 뿐만 아니라, 깊은 지혜와 자비로운 마음으로 모든 존재를 평등하게 대하는 것을 말한다. 부처님 말씀을 듣는 것도 선법을 닦는 것이요, 사경하는 것, 절을 하는 것, 좌선을 하는 것, 그리고 지금 이 책을 쓰는 나도, 이 책을 읽는 독자 여러분도 다 선법을 닦는 것이다. 그런데 선법을 행한다고 하면서 집착이나 상이 남아 있다면, 제대로 된 선법을 닦는 것이라고 말할 수 없다.

현실적으로 이야기하자면, 우리가 지금 맺고 있는 모든 인연의 복잡한 감정에서 벗어나 있거나, 또는 벗어나도록 하는 것, 그것이 바로 선법을 닦는 기본적인 출발이 아닐까 싶다. 좋고 싫은 감정에서 벗어나면, 즐거움과 고통도 덜해지고 평온한 상태가 중심을 이루며 살 수 있다. 혼란스럽고 모호한 상태에서 벗어나서 평정심이 자리 잡고 있으면, 더 유연하고 명확하게 지각하는 힘을 기를 수 있기 때문이다. 여기가 바로 선법이 시작되는 지점이다.

그리고 이것을 『금강경』에서는 아상(我相), 인상(人相), 중생상(衆生相), 수자상(壽者相)을 떠나 집착을 내려놓고, 선법을 닦아 깨달음을 얻을 수 있다고 한다. 즉, 기존의 관점에서 벗어나야만 이룰 수 있는 것이 진정한 선법이다. 역시 여기에서도 부처님의 마지막 말씀은 동일하다. '선법이란 것은 곧 선법이 아니고, 그 이름이 선법이다.' 부지런히 선법을 닦을지언정, 그 이름에 집착하여 평정심을 잃지 말라는 말씀이다.

고대 서양철학에서도 가장 많은 물음표가 붙었던 키워드는 '마음'이다. 서양철학에서 말하는 인간의 본질을 구성하는 중요한 요소이자 주제인 마음을 다스리는 일과 부처님께서 가르치시는 선법을 기르는 일은 동일하다고 말할 수 있다. 굳이 동서고금을 구분하지 않아도 어렵지 않게 찾아볼 수 있는데, 여기에서 잠깐 서양철학 중 금욕과 평정심에 최고의 가치를 두는 스토아 학파의 정점, 에픽테토스(Epiktetos)의 어록『엥케이리디온(Encheiridion)』에서의 평정심을 인용해 볼까 한다.

"상실을 겪었을 때는 결코 잃어버렸다고 생각하지 말고, 돌려주었다고 생각하는 버릇을 들이자. 자식을 잃었는가? 자식은 제자리로 돌아간 것이다. 여인을 잃었는가? 그 여인은 제자리로 돌아간 것이다. 재산을 잃었는가? 그 재산은 제자리로 돌아간 것이다. 이러한 것들을 내게서 도로 가져간 자가 악한 자일 수도 있지만, 원래 내게 주었던 자가 되찾아 가겠다는데 그자가 어떤 자인지 내게 무슨 상관이 있는가?"

(『에픽테토스의 인생을 바라보는 지혜』 중에서)

에픽테토스는 상실을 본래의 제자리로 돌아가는 것으로 정의하고, 어떤 일이 생기든 집착을 벗어나 상황 그대로를 받아들이는 것이 내면의 평정심을 유지하는 거라고 말한다. 알다시피, 인간은 모두 빈손으로 왔다가 빈손으로 돌아간다. 어떠한 것도 가지고 갈 수가 없다. **내가 현재 가진 것들도 원래부터 내 것이라고 할 만한 게 아무것도 없다. 그러니 잃었다고 볼 것이 아니라, 어딘가로 돌아간 것이다. 아니면, 어느 누구에게로 가서 잠시 머물고 있다고 생각하는 게 훨씬 마**

음 편한 일이다.

에픽테토스의 이야기를 통하여 우리는 '평상심시도(平常心是道)', 평소의 마음이 곧 도라고 말씀하신 마조(馬祖, 709~788) 스님의 법어도 쉽게 이해할 수 있다. 그뿐만 아니라, '즉심시불(卽心是佛)', 마음이 곧 부처라는 의미도 어렵지 않게 연결할 수 있을 것이다.

결국, 구름은 바람 없이 움직이지 않는다. 모든 것이 마음에 달렸다.

지혜로운 선택이
복을 부른다

◎

제24. 복지무비분

福智無比分 第二十四
복지무비분 제이십사

須菩提 若三千大千世界中 所有諸須彌山王
수보리 약삼천대천세계중 소유제수미산왕
如是等七寶聚 有人 持用布施 若人 以此般若波羅蜜經
여시등칠보취 유인 지용보시 약인 이차반야바라밀경
乃至四句偈等 受持讀誦 爲他人說 於前福德
내지사구게등 수지독송 위타인설 어전복덕
百分不及一 百千萬億分 乃至算數譬喩 所不能及
백분불급일 백천만억분 내지산수비유 소불능급

제 24. 복과 지혜는 비교할 수 없다

"수보리야, 예컨대 삼천대천세계에 있는 산 중에서 제일 큰 산인 수미산만 한 금은보화를 모아 어떤 사람이 널리 보시하였다고 하자. 그리고 또 다른 어떤 사람은 이 반야바라밀경에서 네 글귀의 게송만이라도 가지고, 읽고 외우고, 남을 위해 해설하여 준다면, 앞의 금은보화로써 보시한 복덕으로는 백 분의 일에도 미치지 못할 것이다. 백천만억 분의 일에도 미치지 못할 것이며, 어떤 산수와 비유로도 미치지 못할 것이다."

●

두 스님이 있었다. 이들은 열심히 수행하여 깨친 뒤에 함께 만행을 떠났다. 옛날에는 만행을 할 때, 석장(錫杖) 또는 주장자(柱杖子)라고 불리는 긴 나무 막대기와 삽처럼 생긴 것을 가지고 다녔다고 한다. 길에서 숙식을 해결해야 하니, 기본적인 도구가 필요했던 모양이다. 또 이것은 농사지을 때 쓰기도 하고, 길가에서 사람이나 동물의 사체를 보게 되면 묻어주는 도구로도 사용했다. 그러던 어느 날, 길을 가다가 두 스님은 한 구의 사체를 발견하게 되었다. 한 스님은 "나무아미타불" 하면서 땅을 파고 그를 묻어주었다. 그런데 다른 한 스님은 거들떠보지도 않고 그냥 가던 길을 갈 뿐이었다.

길을 가다가 마침 그 모습을 보게 된 행인이 두 스님의 스승에게 찾아가 이 사실을 고하고, 어떤 것이 올바른 행동인지 여쭈었다. 그러자 스승이 허허 웃으며 대답했다.

"묻은 것은 자비요, 묻지 않은 것은 해탈이라오. 사람이 죽으면 다 흙이 되니, 위에서 썩어 흙이 되는 것이나, 밑에서 썩어 흙이 되는 것이 뭐가 다르겠소."

자비행이 옳으냐, 어떠한 상황에서도 걸림 없이 행하는 것이 옳으냐의 문제다. 글쎄, 길을 가다가 낯모르는 사람의 주검을 발견하면 놀라서 내빼기 바쁠 텐데, 묻어주고 가는 스님이 더 올바른 게 아닐까라는 생각이 든다. 하지만, 선각자(先覺者)의 눈으로 보면 이는 자비행과 해탈행의 차이였던 것뿐이다.

알다시피 불교는 지혜와 자비의 종교다. 그런데 우리는 부처님을 설명하며 '복혜구족(福慧具足)하신 분'으로 표현하는 경우가 많다. 복과 지혜를 두루 갖춘 분이라는 뜻이다. 그럼, 왜 자비가 아니고 복(福)이라고 한 것일까?

그것은 자비행을 한 결과가 '복'으로 오기 때문이다. 『금강경』에서는 제아무리 금은보화로 보시하여 복을 많이 짓는다 해도, '상을 버려야 한다'라는 지혜의 말씀 한 구절 나누는 것에 미치지 못한다고 했다. **지혜의 말씀은 어리석은 이들에게 깨달음으로 향하는 길로 안내한다.** 마치 저 달을 깨달음에 비유하자면, 달을 보기 전까지는 손가락(지혜의 말씀)을 따라가야 하는 것과 같다.

예를 들어, 산길을 가다가 뱀을 만났다고 하자. 그럼 피해서 가거나 뱀이 지나가길 기다리면 된다. 그러나 이렇게도 저렇게도 못할 때, 뱀과 대면하여 피할 수 없을 때는 뱀을 대적해야 한다. 그때, 뱀을 잡겠다고 뱀의 허리 부분을 밟거나 누르면 어떻게 될까. 그 사람은 곧바로 뱀에게 물릴 것이다. 뱀을 피할 수만 있다면 참 좋겠지만, 어쩔 수 없이 물리쳐야 한다면, 뱀의 머리를 먼저 강하게 누른 뒤에 잡든 말든 해야 한다.

살아가면서 우린 사건 사고가 발생했을 때, 그 상황을 제대로 대처하지 못하고, 섣불리 나서서 뱀을 잡겠다고 뱀 허리를 밟아서 도리어 물리는 어리석은 행동을 할 때가 있다. 지혜롭지 못한 대처가 도리어 자신을 해치게 만드는 것이다. 그러니 매사에 지혜롭게 생각하고 행동해야 한다. 그리고 그런 지혜를 알려주는 것이 부처님의 가르침이다.

하지만, 사람들은 불교를 어렵게 받아들일 때가 많다. 물론 어려운 측면도 있는 것이 사실이다. 그렇지만 실제 우리에게 필요한 불교는 그렇게 어려운 것이 아니다. 왜냐하면 불교는 뭔가 새로운 이치를 만들어서 말해 주는 게 아니라, 우리가 살아가는 이 세상의 모든 것들이 가지고 있는 근본 속성을 파악해서 알려주기 때문이다. 그 이치는 세상 곳곳에서 알아낼 수 있고, 모든 존재가 서로를 통해 느끼고 파악할 수 있는 것들이다.

단적인 예로 '모든 것은 변한다'라고 한다면, 이것을 이해하지 못할 사람은 없을 것이다. 다만, 그것을 현실에 적용해 살아가는 과정에서 '내 것은 변하지 않기를 바라는 마음'이 문제를 만드는 것뿐이다. 이렇게 알면서도 마음이 다스려지지 않을 때는 지혜로운 말씀을 자주 접해야 한다. 길을 모를 때는 길을 안내하는 이의 말을 잘 들어야 하는 것과 같다. 달이 어디 있는지 알고 싶을 때는 달을 가리키는 손가락을 따라가 봐야 하는 것이다.

부처님의 가르침은 큰 바다와도 같아서 우리에게 많은 것을 베풀어준다. 중생들도 마찬가지다. 어촌에 사는 사람들이 각기 자기 역량껏 게도 잡고, 물고기도 잡고, 미역도 따고, 소금을 만들 수 있는 것처럼, 우리들 근기에 맞게 부처님의 법의 바다에서 많은 것을 가져다가 생활에 유익하게 활용하면 되는 것이다.

어떤 사람은 그 바다에서 진주를 찾을 수도 있고, 어떤 사람은 바다에서 수영을 잘해 올림픽에 나갈 수도 있을 것이다. 바다는 늘 같지만, 우리가 바다에서 얻은 것들은 각기 다르듯이, 지혜로운 가르침을 배우고 익혀서 나누는 것이야말로 자신에게 복을 짓게 하며, 그 어떤 복보다도 큰 복이 되는 법이다.

『금강경』에서 강조하는 부처님의 말씀은 우리가 가진 삶의 태도를 긍정적으로 변화시킨다. 세상을 대하는 태도도 상생의 방향으로 확실히 바꾸어준다. '상'을 내려놓음으로써 마음의 안과 밖이 조화로움 속에 변화하게 만든다. 나아가 중생들과 더불어 알맞게 살아갈 수 있게 만들어주기에, 더할 나위 없이 복이 되는 것이다.

길을 잃으면
새로운 길을 알게 된다

◎

제25. 화무소화분

化無所化分 第二十五
화무소화분 제이십오

須菩提 於意云何 汝等 勿謂如來作是念 我當度衆生
수보리 어의운하 여등 물위여래작시념 아당도중생
須菩提 莫作是念 何以故 實無有衆生 如來度者
수보리 막작시념 하이고 실무유중생 여래도자
若有衆生 如來度者 如來 卽有我人衆生壽者 須菩提
약유중생 여래도자 여래 즉유아인중생수자 수보리
如來說有我者 卽非有我 而凡夫之人 以爲有我 須菩提
여래설유아자 즉비유아 이범부지인 이위유아 수보리

凡夫者 如來說卽非凡夫 是名凡夫
범부자 여래설즉비범부 시명범부

제25. 교화하되 교화한 바가 없다

"수보리야, 그대는 어떻게 생각하는가?
그대들은 여래가 반드시 중생들을 제도한다고 생각할 거라고 말하지 말라. 수보리야, 그런 것은 생각도 하지 말라. 왜냐하면 실로 중생이 있어서 여래가 제도하는 것이 아니기 때문이다. 만약 중생이 있어서 여래가 제도한다면, 여래에게 '나다, 남이다, 중생이다, 수명이다'라는 구분이 있게 되는 것이다.
수보리야, 여래가 말하는 '내가 있다'는 것에는 곧 내가 있는 것이 아니다. 범부들이나 내가 있다고 여기는 것이다. 수보리야, 범부라는 것도 여래는 범부가 아니고, 그 이름이 범부일 뿐이라고 말한다."

●

옛날 어느 마을에 게으른 아들을 둔 사람이 있었다. 그는 늙고 병이 들자, 아들을 불러 금전 한 닢을 벌어와야만 재산을 물려주겠다고 했다. 다음 날 아침, 아내는 아들에게 아버지께 가서 일해서 번 돈이라고 말씀드리라며 몰래 금전 한 닢을 주었다. 아들은 어머니가 시키는 대로 병상에 누워 있는 아버지께 말씀드렸다. 아버지는 "이건 네가 번 돈이 아니잖아."라고 하면서 화로 속에 돈을 던져버렸다.

실망한 아들은 어머니께 돌아와 아버지와 있었던 일을 말씀드렸다. 다음 날 어머니는 다시 금전 한 닢을 주면서 열심히 일해서 벌어온 것처럼 말해야 한다고 주의를 주었다. 그러나 아버지는 이번에도 돈을 불 속에 던져버렸다.

그 이야기를 들은 어머니는 그제야 자기 잘못을 깨닫고, 아들에게 나가서 직접 벌어보라고 했다. 아들은 집을 나가 직접 험한 일들을 하여 겨우 금전 한 닢을 벌어올 수 있었다. 돌아와 아버지에게 가서 자랑스럽게 금전을 드렸다. 그런데 이번에도 아버지는 "네가 번 돈이 아닐 것이야."라며 돈을 불 속에 던져버렸다. 이 모습을 본 아들은 깜짝 놀라 불 속에 손을 넣어 얼른 돈을 꺼냈다. "너무하십니다. 아버지. 제가 이 돈을 버느라 얼마나 고생한 줄 아십니까."라고 했다. 그제서야 아버지는 빙그레 웃으며 말했다. "그래, 이번에야말로 네가 번 돈이 틀림없구나."

아버지가 아들에게 요구한 금전 한 닢에는 땀의 가치를 알아야만 재산을 지킬 수 있다는 교훈이 담겨 있다. 현명한 아버지다. 우리는 길을 잃으면 새로운 길을 만나게 된다. 한쪽 문이 닫히면, 반대쪽 문이 열리게 마련이다. 현명한 아버지는 길을 잃었다고 우왕좌왕하는 상태에 머물러 있는 것이 아니라, 길을 잃어서 새로운 길을 만날 수 있음을 알려주는 어른이다.

이런 아버지의 마음은 중생들을 이끌어주시는 부처님에게서도 충분히 느껴진다. 수많은 예가 있지만 그중 하나만 들자면, 주리반특가(周利槃特迦, Cūḷapanthaka)를 위로한 이야기가 있다. 이 제자는 너무나 우둔하여 오백 명의 아라한이 날마다 불법을 알려주어도 몇 달 동안 글귀 하나를 못 외운 사람이었다. 괴로워하며 승가를 떠나려던 그에게 부처님은 천 한 조각을 주시며 더러움을 닦아내라고 알려주셨다. '더러움의 제거'를 뜻하는 라조하라낭(Rajoharaṇaṁ), 즉 청소(淸掃)를 가르쳐주어 그를 깨닫게 했다.

사실 나는 『금강경』을 읽으며, 부처님은 왜 이렇게 여러 차례 같은 말씀을 계속하는 것일까 싶었다. 같은 내용을 담아 두 권 합본으로 이루어진 것만으로도 『금강경』을 충분히 이해할 수 있을 텐데, 각 장마다 비슷한 뉘앙스로 똑같은 말씀을 하고 또 하는 게 이상하게만 느껴졌다. 내가 보기에 이것은 자비심의 문제인 듯하다.

깨달음을 얻은 주리반특가를 보고 놀라워하는 바사익왕(波斯匿 王, Pasenadi)에게 부처님이 이렇게 말씀하셨다. "아는 것이 최상이 아니라, 행하는 것이 중요합니다." 그러면서 왕에게 대자대비(大慈大悲)의 마음으로 백성을 다스리라고 이야기했다.

그럼, 다시 한번 읽어보자.

부처님은 중생을 가르쳐 제도했으나, 가르친 바도 없고 제도한 바도 없다. 중생이니 범부니 구분 지어 생각하지도 않는다고 하셨다. 그렇게 차별하는 생각으로 중생을 대한다면, 더 이상 부처가 아니다. 상을 내는 것이나 다름이 없기 때문이다. 그러면 진리로부터 온 여래(如來)라고 볼 수 없다.

모든 고정된 견해에서 벗어나 깨달음을 얻은 부처님에게는 존재하는 내가 현상적으로 드러나 있기는 하나, 진리의 눈으로는 내가 있다고 할 수 없다. 반대로 그간 쌓아온 업(業)으로부터 자유롭지 못한 범부 중생에게는 '나'가 있다. 부처도 있고 중생도 있다. 마치 꽃이 피고 지는 것에는 아무런 분별이 없는데, 그것을 바라보는 중생이 분별하는 마음으로 꽃을 대하며 여러 가지 감정을 만들어내는 것과 같다.

중생도 범부도, 그리고 여래도 다 누군가 지어놓은 이름에 불과하다. 이러한 이름들은 현실에서 사용되는 언어일 뿐이다. 예를 들어, 부처님의 주치의였던 지와까(Jīvaka)는 '생명이 있는 자' '살아 있는 자'라는 뜻의 이름이다. 그는 일생 그런 의미의 이름으로 불렸어도 결국엔 죽음을 맞이했다. '살아 있는 자'라는 이름으로 죽었다. 이름은 이름일 뿐이다.

나의 법명은 '원영(圓映)'이다. '둥글게 비추다'라는 의미다. 머리를 깎기도 전에 교복을 입고 학교 다닐 때도 나는 절에서 이런 이름으로 불렸다. 나는 나의 법명에 불만이 없지만, 그렇다고 법명대로 일생 둥글게 비춘 사람은 아니다. 법명을 받은 이래로 보면, 둥글게 비춘 시간은 그리 길지 않았다. 법명은 법명일 뿐이다.

가난한 사람도 '부유한 사람'이라는 의미의 이름을 가질 수 있고, 지혜로운 사람도 '어리석은 사람'이라는 이름을 가질 수 있다. 이름은 이름일 뿐이다. 이와 같이, 이름뿐만 아니라, 모든 사물이나 현상, 상황이나 존재에 대한 고정관념을 없애고, 열린 마음으로 이해하라는 이야기를 부처님께서는 거듭하여 말씀하고 계신 것이다. 그것도 아주 아주 자비롭게!

연기처럼 사라질 인생,
집착하지 마라

◎

제26. 법신비상분

法身非相分 第二十六
법신비상분 제이십육

須菩提 於意云何 可以三十二相 觀如來不 須菩提言
수보리 어의운하 가이삼십이상 관여래부 수보리언
如是如是 以三十二相 觀如來 佛言 須菩提
여시여시 이삼십이상 관여래 불언 수보리
若以三十二相 觀如來者 轉輪聖王 卽時如來 須菩提
약이삼십이상 관여래자 전륜성왕 즉시여래 수보리
白佛言 世尊 如我解佛所說義 不應以三十二相 觀如來
백불언 세존 여아해불소설의 불응이삼십이상 관여래

爾時 世尊 而說偈言
이시 세존 이설게언

若以色見我 以音聲求我
약이색견아 이음성구아

是人行邪道 不能見如來
시인행사도 불능견여래

제 26. 법신은 형상이 아니다

"수보리야, 그대는 어떻게 생각하는가? 서른두 가지 상호를 가졌다고 여래라고 볼 수 있겠는가?"

수보리가 말씀드렸다.

"예, 그렇습니다. 서른두 가지 상호로써 여래라고 볼 수 있습니다."

부처님께서 말씀하셨다.

"만약 서른두 가지 상호로써 여래라고 추측할 수 있다면, 전륜성왕(轉輪聖王)도 여래라고 할 수 있겠구나."

수보리가 부처님께 말씀드렸다.

"세존이시여, 제가 부처님께서 말씀하신 뜻을 이해하기에는 반드시 서른두 가지 상호만으로 여래라고 볼 수는 없습니다."

그때 세존께서 게송으로 말씀하셨다.

"만약 육신으로써 나를 보려 하거나,
음성으로써 나를 찾는다면,
이 사람은 잘못된 길을 가는 것이니,
결코 여래는 볼 수 없으리라."

●

　부처님에게는 삼십이상(三十二相)이 있어서 보통의 중생들과는 모습이 다르다. 오죽하면 불상을 금으로 표현할까. 이러한 특징은 부처님이 직접 여러 생애에 걸쳐 수많은 공덕을 쌓은 결과다. 앞쪽에서도 이미 말했지만, 연등 부처님께 향기로운 꽃 공양을 올린다거나, 인욕선인으로 살면서 인내와 자비의 삶을 실천하였기에 성취가 가능하였다. 수행하면서 보시에 인색했거나 인욕이 부족했다면, 저런 상호를 갖추지 못했을 것이다. 자, 그렇다면 부처님의 형상을 통해 우리가 부처님을 보는 것이 가능할까?

　부처님의 질문을 받은 수보리 존자는 처음엔 가능하다고 대답했다가, "그럼, 전륜성왕도 부처라고 볼 수 있느냐?"는 질타를 받고 나중엔 불가능하다고 정정한다. 부처님은 삼십이상을 통해 볼 수 있는 존재가 아니라는 것이다.

그런데, 만약 부처님이 지금 내게 오셔서 똑같이 물어보신다면, 나는 가능하다고 대답할 것이다. 부처님의 그러한 공덕상을 충분히 설명하면서 중생들에게 부처님을 알기 쉽게 유도할 수 있다고 보기 때문이다.

그러나 부처님이 원하는 대답은 이게 아니다. 수보리 존자 또한 부처님이 원하는 바가 무엇인지 잘 알기에, 형상을 통해 부처님을 보는 것은 잘못된 것임을 인정한 것이다. 아마 이 글을 읽고 있는 당신은 의심이 생길 것이다. '부처님은 그렇게 당신을 숭배하는 것을 멀리하셨는데, 왜 우리는 아직도 불상을 모시고 그곳에 절을 하는 것일까?'라고.

일단 절을 하는 것은 조각상이나 탱화에 하는 것이 아니라, 자신의 불성(佛性)에게 하는 것이라고 스님들은 설명한다. 불보살님에게 절을 하는 게 아니라, 나를 구제해 줄 나 자신에게 절하는 것이라고 말이다. 불교는 절대 신을 통해 구원을 바라는 종교가 아니라, 부처님의 가르침과 나 자신에게 의지하는 종교이기에 그렇게 본다.

물론 지금 절에 다니면서 절하는 분들에게 물어보면, 대개가 자신에게가 아니라 불보살님께 절하며 뭔가를 바란다고 대답할 것이다. 나도 그렇다. 일념으로 지극한 정성과 공경심을 다하여 불상에 절을 하고, 소원을 읊조린다. 나는 이것도 나쁘거나 잘못되었다고 생각하지 않는다. 왜냐하면, 중생에겐 그것 또한 필요한 일이기 때문이다.

자, 다시 경전으로 돌아가 부처님의 말뜻을 살펴보자.

깨달은 부처님의 몸이라고 해서 영생하는 몸이 아니다. 중생인 우리들과 다를 바 없는 육신을 가지고 수행하여 깨달음을 얻었을 뿐이다. 그러니까 역사적으로 실존했던 석가모니 부처님에게는 육체적 죽음이 있었다. 당시로서는 장수하신 편이지만, 그래도 마지막에는 육신의 소멸이 있었다.

그래서 저 앞에서는 "무릇 형상이 있는 것은 모두 다 허망하나니, 만약 모든 형상을 형상이 아닌 것으로 보면 곧 여래를 본다(凡所有相 皆是虛妄 若見諸相非相 卽見如來)."고 했고, 여기서는 "만약 육신으로써 나를 보려 하거나, 음성으로써 나를 찾는다면, 이 사람은 잘못된 길을 가는 것이니, 결코 여래는 볼 수 없으리라(若以色見我 以音聲求我 是人行邪道 不能見如來)."라고 말해 준 것이다.

진정한 부처를 보고자 한다면, 형상에 집착하지 말아야 한다는 말씀이다. 부처님의 형상을 통해 다시 상을 만들어내지 말라는 이야기다. 형상이 아니라, 깨달음의 모습인 법신(法身)을 보아야 비로소 참 부처님을 만날 수 있다는 설명이다.

우리는 외형만을 보고 쉽게 집착하는 경향이 있다. 연예인을 보고도 겉모습이나 목소리를 듣고 좋아하는 마음을 낸다. 종교인들에 대해서도 그렇다. 더러는 지나치게 좋아해서 맹목적으로 믿고 따른다. 과도하게 집착하고 추종하여 사이비 종교를 만들어내기도 한다. 우리 인생은 너무나도 쉽게 우리를 속인다. 형상에 집착하여 지혜의 문을 열지 못하도록 말이다.

부처님께 푹 빠진 한 청년이 있었다. 그러나 그에게는 한 가지 의문이 있었다. 청년은 부처님께 여쭈었다. 이렇게 부처님의 가르침을 몇 년째 듣는데, 왜 더 이상 삶이 나아지지 않느냐는 질문이었다. 그리고 왜 부처님은 당신의 신통력으로 모두를 고통에서 벗어나게 해주지 않느냐는 투정과 애원이 섞인 말씀도 드렸다.

부처님은 자세히 들으시고, 그에게 어디에서 왔는지 물으셨다. 그가 대답하기를, 원래는 왕사성에 살았는데, 지금은 사위성에 살고 있다고 했다. 부처님은 그에게 왕사성에서 사위성으로 오는 길을 잘 아는지 물으셨다. 그는 눈을 가리고도 찾아올 정도로 완벽하게 안다고 대답했다. 그 대답을 듣자, 부처님은 만일 어떤 사람이 와서 그 길을 알려달라고 하면 자세히 설명해 주는지, 그리고 그 설명을 들은 사람들이 제대로 길을 잘 찾아오는지도 물으셨다. 청년이 답하기를, 설명을 자세히 한다고 해서 다 길을 찾아오는 것은 아니며, 오직 끝까지 포기하지 않고 가는 자만이 원하는 사위성에 도착한다고 대답했다.

부처님이 듣고 싶은 대답이었을 것이다. 부처님도 깨달음을 얻었고, 당신이 걸어온 길을 수많은 이들에게 자세히 알려주셨지만, 그렇다고 해서 그 길을 잘 찾아오는 이들은 많지 않을 것이기 때문이다.

"만약 육신으로써 나를 보려 하거나, 음성으로써 나를 찾는다면, 이 사람은 잘못된 길을 가는 것이니, 결코 여래는 볼 수 없으리라."

이러한 말씀이 곧 부처님께서 알려주신 길이다. 우리가 보고 걸어가야 할 이정표이다. **깨달음으로 가는 길은 여러 가지다. 지방에서 서울로 오는 길이 여러 가지인 것과도 마찬가지다.** 열차, 버스, 자가용 등 교통수단이 다양한 것과도 같다.

그렇지만, 우리가 아무리 간절히 원한다 해도, 부처님이 신통력을 부려서 우리를 깨달음의 목적지까지 데려다주지는 않을 것이다. 다만 『금강경』 같은 여러 경전을 통해 그 길을 자세히 알려주셨을 뿐이다. 결국 그 길을 가는 것은 우리들 각자의 몫이다.

생각에
속고 있다

◎

제27. 무단무멸분

無斷無滅分 第二十七
무 단 무 멸 분 제 이 십 칠

須菩提 汝若作是念 如來 不以具足相故
수 보 리 여 약 작 시 념 여 래 불 이 구 족 상 고
得阿耨多羅三藐三菩提 須菩提 莫作是念 如來
득 아 뇩 다 라 삼 먁 삼 보 리 수 보 리 막 작 시 념 여 래
不以具足相故 得阿耨多羅三藐三菩提 須菩提
불 이 구 족 상 고 득 아 뇩 다 라 삼 먁 삼 보 리 수 보 리
汝若作是念 發阿耨多羅三藐三菩提心者 說諸法斷滅
여 약 작 시 념 발 아 뇩 다 라 삼 먁 삼 보 리 심 자 설 제 법 단 멸

莫作是念 何以故 發阿耨多羅三藐三菩提心者 於法
막 작 시 념 하 이 고 발 아 뇩 다 라 삼 막 삼 보 리 심 자 어 법

不說斷滅相
불 설 단 멸 상

제 27. 단절도 없고 소멸도 없다

"수보리야, 그대가 여래는 신체적 특징을 원만하게 갖추지 않았기 때문에, 최상의 깨달음을 얻었다고 생각한다면, 수보리야, 그런 생각은 하지 말라. 여래는 잘 갖춰진 상호를 마음에 두지 않았다. 그러니, 그 때문에 최상의 깨달음을 얻었다고 생각하지 말라.

수보리야, 그대는 최상의 깨달음에 대한 마음을 일으킨 사람은 모든 것이 아주 없다고 생각하는가? 만약 그러하다면, 그런 생각을 하지 말라. 왜냐하면 최상의 깨달음에 대한 마음을 일으킨 사람은 모든 것이 아주 없다고 말하지 않기 때문이다."

●

"모든 욕망과 집착에서 벗어나야 비로소 진정한 자유를 얻을 수 있다."

『지도에서 사라진 종교들』(도현신, 서해문집, 2016)이라는 책을 읽다가 발견한 구절이다. 이 책에 의하면 이 구절은 페르시아의 현자 마니(Mani)가 만든 종교 '마니(mani)교' 경전에 나온다. 책에 있는 내용을 소개하자면 다음과 같다. 우선 마니교의 교리는 불교의 가르침과 비슷한 느낌을 준다. 인간이 진정한 자유와 행복을 얻으려면, 육체의 구속에서 벗어나야 한다고 설했던 종교이기 때문이다. 마니교는 육체로 인해 생긴 온갖 욕망과 갈등이 인간을 구속한다고 했고, 살면서 얼마나 선하게 살았는지, 또는 악하게 살았는지에 따라 다음 생이 결정된다고도 했다. 지금은 사라진 종교이지만, 확실히 불교와 유사한 측면이 있다. 또 신에게 비는 것이 아니라 인간이 스스로 노력하여 깨달음을 얻고, 고통으로 가득한 사바세계에서 벗어나 해탈을 이루는 것을 강조했다. 초기불교의 출가자들과 마찬가지로 마니교의 성직자들은 스스로 생산 활동을 하는 것이 금지되어 있었다. 농사짓는 것도 안 되고, 돈을 버는 일도 안 되어서 대부분 생필품과 식량을 신도에게 의존하여 살아야만 했다.

거의 대다수의 종교는 신을 믿는 것을 전제로 한다. 불교처럼 절대적인 신의 존재를 거부하거나 부정하지 않는다. 그러나 지금의 불교를 보면, 상당히 많은 부분에서 변형된 것이 사실이다. 부처님을 신적인 존재로 믿고 의지하는 경우가 많다. 나도 그렇다. 불보살님께 의지하며 살아간다. 그래서일까? 귀신 씻나락 까먹는, 말도 안 되는 이야기일지라도, 더러는 듣기도 하고 믿기도 한다.

사람들은 보통 기이한 이야기를 듣거나 특별한 영적 체험을 하면 거기에 푹 빠지게 마련이다. 출가와 재가를 막론하고, 과도한 믿음에 빠져든 사람들도 있다. 재밌는 건 남이 그런 상태면 비난하면서, 자신이 그런 상태면 신앙심이 깊은 줄 안다. 부처님 말씀에 의하면 모두 다 잘못된 믿음이다.

부처님은 반복해서 우리에게 말씀하신다. 제발 형상에 집착하지 말라고! 불교를 수행하면서 상에 머물러선 깨달음을 얻지 못한다고! 부처에 대해서도 특별한 상을 가지고 있다면, 그것은 이미 잘못된 믿음이라고!

조로아스터교의 경전인 『아베스타』에는 "1만 번의 기도문을 외우는 것보다, 한 번의 경작이 더 많은 수확을 거둔다."(『지도에서 사라진 종교들』)는 말이 나온다고 한다. 『금강경』에서의 부처님 말씀 또한 이러한 것에 일맥상통한다고 생각한다. 무릎이 닳도록 절하는 것도 좋지만, 마음 한번 다스리는 게 더 낫지 않겠는가.

그런데, 제27. 「무단무멸분(無斷無滅分)」은 말처럼 그렇게 쉬운 이야기가 아니다. 화를 다스리듯, 마음을 다스리라는 수준의 이야기가 아니니까 문제다. 지금까지는 형상에 대하여 어떤 생각도 일으키지 말라는 가르침이었다면, 여기서는 외적 형상에 대하여 마음을 두지 않았다고 해서 깨달음을 얻은 것이 아니라는 생각도 부정한다. 쉽게 말해, 생각이 있다고 하지도 말고, 없다고 하지도 말라는 말이다.

불교를 공부하고 나름의 식견이 열리면, 모든 것을 연기와 공성으로 이해하고 설명하게 된다. 연기도, 공도 다 쓸데없는 말인 줄 알지만, 그런 언어 표현을 거치지 않으면 설명이 제대로 전달되지 않으니 별수 없다. 손가락을 요리조리 움직여가며 전달하는 수밖에.

어쨌든 **공(空)을 모두 무(無)로 해석하여 아무것도 존재하지 않는다고 생각한다면, 그는 단멸(斷滅)의 견해에 빠진 것이 된다. 상이 있다는 생각도 떠나고, 상이 없다는 생각도 떠나서, 어디에도 걸림 없는 상태에 이르도록 이끄는 것이 이 가르침의 목적이다.**

부처님은 복을 지어 원만하게 갖추어진 구족상(具足相)을 통해 깨달음을 얻었다는 생각이 잘못된 것임을 지적하신다. 게다가, 뜻밖에도 상이 없어야 깨달음을 얻는다는 생각도 잘못된 것이라고 하셨다. 최상의 깨달음을 추구하는 사람이라면 모든 것을 끊어 없애라는 게 아니다. 단멸의 견해를 설하는 것도 아니다. 오직, 고정된 것은 아무것도 없음을 아는 지혜에 대한 설명이다. '무단무멸분'이라고 이름 붙인 양나라 소명태자의 조어(造語)에 대한 통섭(統攝)이 탁월하였음을 다시 한번 느낀다.

'모든 것은 변한다'라고 한다면,
이것을 이해하지 못할 사람은 없을 것이다.
다만, 그것을 현실에 적용해 살아가는 과정에서
'내 것은 변하지 않기를 바라는 마음'이 문제를 만들 뿐이다.
이렇게 알면서도 마음이 다스려지지 않을 때는
지혜로운 말씀을 자주 접해야 한다.
길을 모를 때는 길을 안내하는 이의 말을
잘 들어야 하는 것과 같다.
달이 어디 있는지 알고 싶을 때는
달을 가리키는 손가락을 따라가 봐야 하는 것이다.

깨달음이 보인다

깨달음의 세계에서
한 발짝 떨어진 것이거나
천리만리 멀리 떨어진 것이거나
중생계 안에 머무는 것에는 차이가 없다.
그러나 어느 순간,
차별하지 않는 차원에 들어서게 되면,
비로소 모든 것이 흔들림 없이 고요해진다.

누릴 복을
아껴라

◎

제28. 불수불탐분

不受不貪分 第二十八
불 수 불 탐 분 제 이 십 팔

須菩提 若菩薩 以滿恒河沙等世界七寶 持用布施
수보리 약보살 이만항하사등세계칠보 지용보시
若復有人 知一切法無我 得成於忍 此菩薩 勝前菩薩
약부유인 지일체법무아 득성어인 차보살 승전보살
所得功德 何以故 須菩提 以諸菩薩 不受福德故 須菩提
소득공덕 하이고 수보리 이제보살 불수복덕고 수보리
白佛言 世尊 云何菩薩 不受福德 須菩提 菩薩
백불언 세존 운하보살 불수복덕 수보리 보살

所作福德 不應貪着 是故 說不受福德
소 작 복 덕 불 응 탐 착 시 고 설 불 수 복 덕

제 28. 받지도 않고 탐하지도 않는다

"수보리야, 만약 어떤 보살이 항하의 모래 수처럼 많은 세계에 가득 찬 금은보화로써 널리 보시한 이가 있고, 또 모든 존재의 무아(無我)의 도리를 알아서 그 숨은 이치를 깨달은 이가 있다면, 이 보살이 얻은 공덕은 앞의 보살이 얻은 공덕보다 훨씬 뛰어나다. 왜냐하면 수보리야, 모든 보살은 복덕을 누리지 않기 때문이다."

수보리가 부처님께 말씀드렸다.

"세존이시여, 어찌하여 보살이 복덕을 누리지 않습니까?"

"수보리야, 보살은 자신이 지은 복덕을 탐하거나 집착하지 않기 때문이다. 그러므로 '복덕을 누리지 않는다'라고 말한 것이다."

●

함께 사는 도반스님이 가끔 지방 사찰에 큰스님의 법을 들으러 가는데, 하루는 다녀오더니 내게 귀한 말씀을 전해 주었다. 다름 아니라,

"주지 소임을 살 때는 복을 아껴야 한다."라는 가르침이다. 요지는 현재 누리고 있는 복을 다 쓰지 말고, 아껴 써야만 복을 오래 누릴 수 있는 법이라는 이야기였다. 그 외에도 몇 가지 말씀을 전해 주었는데, 다른 이야기는 다 잊어버리고 복을 아끼라는 것만 기억에 남아 있다.

옛 어른들에게서도 비슷한 말씀을 자주 접하긴 했다. 하고 싶은 말이 있어도 다 하면 안 된다거나, 힘 있는 사람에게 너무 기대면 망한다는 가르침 등이다. 문헌을 찾아보니, 이런 글도 나온다. 송나라 승상 장상영(張商英, 1043~1122)이 남긴 것이라고 한다.

"일은 끝장을 보아서는 안 되고, 권세에 전부를 기대면 안 된다.
말은 다 해서는 안 되고, 복은 끝까지 누리면 안 된다."

(事不可使盡 勢不可倚盡 言不可道盡 福不可享盡)

앞에서 부처님은 금은보화로 보시하는 것보다 『금강경』의 '사구게'만이라도 남을 위하여 해석해 주는 이가 훨씬 더 많은 복을 얻는다고 했다. 색(色)·성(聲)·향(香)·미(味)·촉(觸)·법(法)에 집착하지 않고 보시해야 한다는 것을 여러 차례 강조했다. 그런데 제28.「불수불탐분(不受不貪分)」에서는 금은보화의 보시를 『금강경』 구절과 비교

하지 않는다. 여기서는 모든 존재가 지닌 무아(無我)의 도리를 알아서 그 숨은 이치를 깨닫는 이의 공덕과 비교한다. 당연히 무아의 도리를 아는 것이 수많은 재물로 보시하는 것보다 훨씬 낫다고 한다. 왜냐하면 모든 보살은 복덕을 누리지 않기 때문이다.

복덕을 바라거나 누리지 않는 보살은 이미 무아의 도리를 아는 이인 셈이다. 무아를 아는 경지라면 상이 없는 자비심을 구현할 수 있기에 그렇다. 따라서 그에게는 어떤 것에도 집착하는 마음이 없다. 보시하는 대상이 가난하다거나 어려운 상황이라며 동정하는 마음도 없고, 보시할 물건이나 마음에도 집착이 없으며, 보시를 실천하는 자신에 대해서도 보시했다는 상이 없다. 자신이 가진 모든 것을 아무런 상 없이 순수하게 내어줄 수 있는 사람이다. 그렇기에 진정한 복을 얻게 된다는 이치다.

부처님께서 지금까지 반복적으로 강조해 온 '무아상(無我相)', '무인상(無人相)', '무중생상(無衆生相)', '무수자상(無壽者相)'은 결국 '무아'를 알아야 가능하다는 이야기이기도 하다. '무아(無我)'를 알아야 '무상(無相)'의 경지에도 이를 수 있으니까. 그렇다면 무아의 도리란 무엇을 말하는 것일까.

정확히 말하자면, 불교에는 '제법무아(諸法無我)'라는 개념이 있다. 인류 역사상 유일하게 부처님만이 '자아'를 두고 '무아'라고 표현하셨다. 나를 두고 내가 없다고 하신 것이다. 그리고 '제법무아'란, 모든 것에는 나의 근간(정체성)을 이루는 것이 아무것도 없다는 말이다.

그럼 나는 무엇으로 이루어져 있는가. 나를 이루는 요소는 그저 조건에 따라서 결합한 것일 뿐이다. 영원히 변하지 않는 존재도 없고, 늘 똑같은 현상도 있을 수 없다. 다 인연이 만들어낸 결과물일 뿐이다. 이러한 불교의 가르침이 바로 '무아 사상'이다.(불교의 기본 교리에 대해 궁금한 것은 『이제서야 이해되는 불교』를 참고하기 바란다.)

영원한 그 무엇이 있어서 내가 존재하는 것이 아님을 알았다면, 그 무엇에도 집착할 필요가 없어진다. 언젠가는 사라질 허망한 현상 앞에 괴로워할 이유도 없다. 최상의 깨달음을 향해 마음을 일으킨 보살이라면, 모든 것이 무아임을 알기에 집착도 없을 것이다. 그러므로 그들이 누리는 복덕이 크다고 한 것이다.

oh, my Buddha!
오, 나의 부처님!

◎

제29. 위의적정분

威儀寂靜分 第二十九
위 의 적 정 분 제 이 십 구

須菩提 若有人 言 如來 若來若去 若坐若臥 是人
수 보 리 약 유 인 언 여 래 약 래 약 거 약 좌 약 와 시 인
不解我所說義 何以故 如來者 無所從來 亦無所去
불 해 아 소 설 의 하 이 고 여 래 자 무 소 종 래 역 무 소 거
故名如來
고 명 여 래

제29. 위의가 적정하다

"수보리야, 만약 어떤 사람이 말하기를 '여래가 혹 온다거나, 간다거나, 앉는다거나, 눕는다'라고 하면 이 사람은 내가 말한 이치를 이해하지 못한 사람이다. 왜냐하면 여래는 어디에서 오는 것도 아니고, 어디로 가는 것도 아니기 때문이다. 그러므로 '그렇게 오다[如來]'라고 부른다."

●

일찍이 부처님은 어린 나에게 삶의 허무를 일깨워주셨다. 모든 것이 허망한 것이라고 하니, 처음엔 칠흑 같은 밤처럼 느껴지던 인생을 더 암담한 구석으로 몰아넣었지만, 오래지 않아 부처님은 등대보다 더 아름다운 빛으로 연이어 나의 앞길을 환히 밝혀주셨다. 경전 곳곳에서 발견되는 거룩한 빛은 지나간 상처를 치유했고, 어떻게 살고 있는지 제대로 보지 못하는 어리석은 중생을 터무니없는 착각에서 벗어나게 이끌어주셨다.

　이러한 방식으로 부처님께 감화받은 사람이 비단 나 하나만은 아닐 것이다. 활짝 핀 꽃이 그 향기를 널리 퍼트리듯이, 부처님은 우리가 깨어 있는 삶을 살 수 있도록 진리를 나누어주셨다. 물론 부처님께 감화받았다고 해서, 가르침을 잘 따르고 이해했다고 해서, 부처님과 동일한 차원에 머무는 것은 아니다. 부처님이 보시는 세상과 내가 보는 세상은 동일하나, 결코 동일하다고 말할 수 없기 때문이다. 그럼, 왜 그러는 것일까. 부처님은 세상을 어떻게 보고 계시길래!

부처님이 바라보는 세상에는 일단 장애가 없다. 이 장애는 육체적 장애를 말하는 것은 아니다. 시야를 흐리게 할 관념들, 편협한 생각과 같은 그 어떤 걸림도 없이 있는 그대로를 보고 듣는다. 부처님에게는 감각기관을 덮고 있는 어떠한 업도 없으며, 방해하는 요소도 남아 있지 않다. 쉽게 말해서, 부처님은 당신의 육체와 정신에 갇혀 계시지 않다는 말이다.

하지만 우리들은 그렇지 않다. 사소한 것에도 걸려서 넘어진다. 예를 들어 같은 것을 보고도 어떤 사람은 아름답다고 느끼고, 어떤 사람은 추하다고 느낀다. 이 사람은 좋고, 저 사람은 싫다. 각자의 업대로 보고 듣고 판단한다.

이것을 인지심리학에서는 '확증편향(確證偏向, confirmation bias)'이라고 말한다. 자신이 보고 싶은 것만 보고, 듣고 싶은 것만 듣는다는 것을 일컫는 용어로, 영국의 심리학자 피터 웨이슨(Peter Wason)이 1960년대 초반에 정립한 가설이다. 자신의 신념이나 기존의 가치관, 혹은 판단 따위와 부합하는 일부분에만 주목하고, 그 외의 사실이나 정보는 무시하는 사고방식과 태도를 말한다. 이런 태도는 자신이 바라는 결과치를 간절하게 원할 때, 어떤 상황을 접하고 감정이 먼저 앞설 때, 자신의 생각이 틀렸다는 것을 스스로 인정하기가 싫을 때, 저마다의 확고한 신념을 지키고자 할 때 나타난다고 한다. 이런 확증편향의 개개인이 모여 집단을 이루고, 대립하여 발생하는 문제가 사회 양극화 현상이다. 부처님의 가르침 가운데 육체와 정신의 장애에 갇히지 말라는 것은, 곧 현대 사회의 부정적 현상 중 하나인 확증편향의 위험성도 함께 이르는 것이라고 할 수 있다. 이 얼마나 놀라운 것인가. 그야말로 "오, 마이 붓다"가 절로 터져 나온다.

이러한 현상은 우리의 행복이나 불행과 관련이 깊다. 가끔 고집이 센 사람들은 각자 나름대로 인생을 살아가는 자기만의 방향감각이라고 그럴싸하게 말하기도 하지만, 알고 보면 대부분이 자신의 업이 만들어낸 각자의 질서일 뿐이다.

한편, 부처님은 진리와 하나이기 때문에, 어떤 일에도 동요가 없다. 인생에서 일어나는 일들은 모두가 변형된 것임을 알기에, 몸이나 마음의 갈등이 일어날 리 없고, 모든 마찰 또한 끝난 상태다. 그러한 세계에 머문 부처님이 다시 중생들이 사는 세상으로 오셨다. 중생을 구제하기 위하여! 그래서 그분을 가리켜 '그렇게 진리로부터 오신 분', 즉 '여래(如來)'라고 부르는 것이다.

하지만 『금강경』 제29. 「위의적정분(威儀寂靜分)」에서는, 여래란 어디서 온 것도 아니고 간 것도 아니라고 말한다. 오고 감이 없다는 것이다. 이는 구별하지 말라는 것을 강조하기 위함이다. 여래는 오고 감이 없다. '이 사람은 여래이고, 저 사람은 중생'이라는 구별이 없다. 중생이 만들어내는 몸과 마음의 구별, 존재에 대한 구별, 생각의 구별 등은 여래에게는 존재하지 않는다.

절에 갈 때는 지위나 신분을 가지고 들어가지 않는다. 교회도 마찬가지고, 성당도 마찬가지다. 또한 점집도 마찬가지라고 생각한다. 그와 같이, 깨달음의 세계도 차별된 그 무엇을 가지고 들어가는 것은 불가능하다. 중생이 만들어낸 생각은 모든 것을 맑게 비추지 않는다. 그러므로 **불교를 공부하고 깨달음의 세계를 어슬렁거리며 넘볼 수는 있어도, 차별하는 마음을 끊어내지 않고는 결코 건너갈 수가 없다.**

깨달음의 세계에서 한 발짝 떨어진 것이거나 천리만리 멀리 떨어진 것이거나 중생계 안에 머무는 것에는 차이가 없다. 그러나 어느 순간, 차별하지 않는 차원에 들어서게 되면, 비로소 모든 것이 흔들림 없이 고요해진다. 진정한 깨달음은 자신이 만들어낸 생각으로부터 자유로워질 때 얻어진다는 것을 잊지 말아야 한다.

『금강경』에서 강조하는 무상(無相)의 가르침이 직접 자신에게 체화되면, 그다음엔 어떤 생각이 밀려들어도 힘들지 않게 쳐낼 수 있다. 똑같은 느낌이나 생각이 일어날지라도 상을 내려놓기 전과 후는 천지 차이다. 상을 내려놓기 전에는, 내가 만들어낸 생각들이 모든 것을 조작하고 왜곡시킨다. 그러나 모든 생각으로부터 자유로워지면, 왜곡됨 없이 흔들리지 않고 진실을 비출 수 있게 된다. 『금강경』에서는 그런 순간이 오면, 우리에게도 여래의 참모습이 보일 것이고, 진실로 여래라고 부를 수 있다고 가르쳐준다. 그리하여 오는 것도 아니요, 가는 것도 아닌 참 여래를 만나게 해준다.

이치와 현상이 만나다

◎

제30. 일합리상분

一合理相分 第三十
일합리상분 제삼십

須菩提 若善男子善女人 以三千大千世界 碎爲微塵
수보리 약선남자선여인 이삼천대천세계 쇄위미진
於意云何 是微塵衆 寧爲多不 須菩提言 甚多 世尊
어의운하 시미진중 영위다부 수보리언 심다 세존
何以故 若是微塵衆 實有者 佛卽不說是微塵衆
하이고 약시미진중 실유자 불즉불설시미진중
所以者何 佛說微塵衆 卽非微塵衆 是名微塵衆 世尊
소이자하 불설미진중 즉비미진중 시명미진중 세존

如來所說三千大千世界 卽非世界 是名世界 何以故
여 래 소 설 삼 천 대 천 세 계 즉 비 세 계 시 명 세 계 하 이 고
若世界 實有者 卽是一合相 如來說一合相 卽非一合相
약 세 계 실 유 자 즉 시 일 합 상 여 래 설 일 합 상 즉 비 일 합 상
是名一合相 須菩提 一合相者 卽是不可說 但凡夫之人
시 명 일 합 상 수 보 리 일 합 상 자 즉 시 불 가 설 단 범 부 지 인
貪着其事
탐 착 기 사

제30. 하나로 된 참모습

"수보리야, 만약 선남자 선여인이 삼천대천세계를 부수어 아주 미세한 티끌을 만들었다면 그대는 어떻게 생각하는가? 이 미세한 티끌이 얼마나 많겠는가?"

"매우 많습니다, 세존이시여. 왜냐하면 만일 미세한 티끌이 진실로 있는 것이라면, 부처님께서는 이 미세한 티끌에 대해 말씀하시지 않았을 것이기 때문입니다. 그렇기에 부처님께서 말씀하시는 미세한 티끌은 곧 미세한 티끌이 아니며, 그 이름이 미세한 티끌이기 때문입니다.

세존이시여, 여래께서 말씀하신 삼천대천세계도 곧 세계가 아니고, 그 이름이 세계일 뿐입니다. 왜냐하면 만약 세계가 진실로 존재하

는 것이라면 그것은 곧 하나로 된 모습입니다. 여래께서 말씀하시는 하나로 된 모습이란 곧 하나로 된 모습이 아니고 그 이름이 하나로 된 모습일 뿐이기 때문입니다."

"수보리야, 그 하나로 된 모습이란 것은 가히 말로 나타낼 수 없는 것인데, 다만 범부들이 그것에 대하여 탐하고 집착하기 때문이다."

●

빼꼼히 내다 보니, 눈이 그쳤다. 금세 밤하늘이 맑아지더니, 하늘 끝 뭇별이 따사롭게 퍼진다. 법당 처마 끝에 눈이 녹아 물방울을 뚝뚝 떨어뜨린다. 땅에 떨어지는 물방울이 남몰래 흘린 눈물 같아서 괜히 시큰한 코를 훔쳤다. 그나저나 벌써 어딘가에서 봄이 오는 소리가 들리는 것 같다. 봄이 오면 머지않아 여름도 오겠지. 푸른 숲과 해변의 모래알, 밤하늘의 별과 일렁이는 파도, 계절마다 피어나는 아름다운 꽃과 나무들……. 승복 자락을 바람처럼 휘날리며 돌아다니고 싶어도 매인 일이 많아 쉽지 않다. 더욱이 도심에 사는지라 자연을 직접 감상하는 일이 흔치 않다. 그러나, 눈을 지그시 감고 상상하는 것만으로도 나는 행복하다.

불교 경전도 그렇지만 스님들의 어록도 읽다 보면, 아름답게 펼쳐지는 자연 현상에 비유하여 불교를 설명하는 문장들을 발견할 수가 있다. 예를 들어, 고요한 바다에 비친 밝은 달에 비유하여 '해인삼매(海印三昧)'라고 표현하기도 하고, 모두가 부처 아닌 것이 없다는 뜻의 '삼라만상(森羅萬像) 두두물물(頭頭物物)'이라는 묵직한 화두를 던지기도 한다. 이것은 다 변화무쌍한 대자연 속에서 무상을 찾아내고, 인연의 흐름을 보았기 때문이다.

생각해 보면, 자연에 있는 모든 것들은 목적 없이 그냥 존재하는 것 같다. 유독 인간만이 어떤 이기적인 목적을 가지고 그것을 이루겠다고 악다구니 쓰며 살아간다는 생각이 든다. 그렇게 거품 같은 욕망만 좇아가며 살아가는 우리가, 만약 그 모든 이기적 욕망이나 상을 포기할 수만 있다면, 부처님이 이끄시는 깨달음의 상태로 쉽게 들어설 수 있지 않을까. 물론 이것까지도 자연 상태로 돌아가고자 하는 욕심이라고 꼬집는다면, 그 또한 그렇다고 인정할 수밖에 없다. 하지만, **뭔가를 이루는 것 못지않게 버리는 것에도 노력이 필요한 법이 아니겠는가.**

『금강경』 제30. 「일합리상분(一合理相分)」에서는 이치와 현상이 만나는 것을 설하기 위해 모든 세계를 분해하여 바라보게 한다. 앞에서도 거론했지만, 불교적 관점에서 바라보는 '세계'를 다시 한번 설명하겠다.

불교에서는 우주의 구성과 크기를 설명하기 위하여 '삼천대천세계(三千大千世界)'라는 단어를 쓴다. 한 세계의 중심은 수미산인데, 여기에 소천세계(小千世界), 중천세계(中千世界), 대천세계(大千世界)가 있다. 수미산을 중심으로 한 소세계(小世界) 1천 개를 모은 규모가 소천세계이고, 소천세계 1천 개를 모은 것이 중천세계가 되며, 중천세계 1천 개가 모이면 대천세계다. 천(千)이 세 번 중첩되어 있기 때문에, '삼천대천세계'라고 말하는 것이다. 아무튼 삼천대천세계는 그냥 엄청나게 큰 세계로 생각하면 된다.

삼천대천세계(三千大千世界)	소천세계, 중천세계, 대천세계 천(千)이 세 번 중첩되어 있어 붙은 명칭
소세계(小世界)	수미산을 중심으로, 해와 달, 사대부주, 그리고 천계로 이루어진 공간
소천세계(小千世界)	1천 개의 소세계
중천세계(中千世界)	1천 개의 소천세계 (= 100만 개의 소세계)
대천세계(大千世界)	1천 개의 중천세계 (= 100만 개의 소천세계, 10억 개의 소세계)

그러나, 그렇다고 해서 그것을 분해하지 못하는 것은 아니다. 우리의 머리는 얼마든지 상상력으로 세계를 만들 수도 있고, 부술 수도

있다. 또 잘게 쪼갤 수도 있다. 아주 미세한 입자로 잘게 쪼개고 나면, 그 모양은 어떻게 될까. 아마 눈에 보이지도 않을 만큼 작은 먼지로 남을 것이다. 여기쯤 왔을 때, 부처님께서 묻는다. 그럼, 그 입자는 얼마나 많겠느냐고.

누구라도 당연히 많다고 대답할 것이다. 그런데 단순히 이렇게만 답하면 곤란하다. 상을 내려놓으라는 가르침을 습득한 사람이라면, 대답을 여기서 그치지 않는다. 해공제일(解空第一) 수보리 존자는 "부처님께서 말씀하시는 미세한 티끌은 곧 미세한 티끌이 아니며, 그 이름이 미세한 티끌"이라고 대답했다. 그저 이름이 그렇다는 것이다. 이 문장에 들어 있는 생각의 결합을 전부 깨뜨리는 이야기다. 세계가 아무리 크다고 해도 쪼개고 나면 그저 미세한 티끌에 불과할 뿐이라는 점, 그리고 아무리 많은 티끌로 구성된 세계라고 해도 그저 티끌에 지나지 않는다는 점! 이런 것들을 알려준 뒤, 그것조차도 이름뿐임을 설해 준다.

특히 여기 「일합리상분」에서 주목할 것은 '일합상(一合相)'이라는 단어다. 이는 이치와 현상이 하나로 합해지는 것을 말한다. 우리는 보통 현상을 통해 이치를 파악할 수 있다. 이치가 현상으로 드러나 있기 때문이다. 현상은 인연이 화합하여 만들어진 모습이고, 이치는 현상 속에 들어 있는 본체를 의미한다.

그러니까 자세히 보면, '이치 따로, 현상 따로'가 아니다. 이치와 현상은 떨어져 있지 않고, 걸림 없이 서로 의존하고 있다. 마치 바다와 파도가 융합하여 하나인 것과 같다. 서로에게 의지하여 융합한다고 볼 수 있다. 그리하여 차별화된 모습 속에서도 평등을 나타내고 있으며, 평등 속에서도 차별을 보인다. 부처와 중생이 하나가 되고, 삼천대천세계와 티끌이 하나가 되는 것처럼 말이다. 이것이 일합상이 알려주는 화합과 조화의 가르침이다.

『금강경』을 공부한 사람이라면,
항상 이것을 잊지 말아야 한다.
나 자신은 물론이요, 남에 대해서도
아무것도 단정 짓지 말아야 한다.
사물에 대해서도 마찬가지이며,
부처님에 대해서도 틀에 가두어 생각해선 안 된다.
어떻게 정의를 내려도 타당한 정의가 되지 못한다.
다른 사람의 견해에 의존해서 살아가서도 안 될 뿐만 아니라,
자신의 견해에 빠져서 살아가서도 안 된다.

부처의
눈으로 보면

◎

제31. 지견불생분

知見不生分 第三十一
지 견 불 생 분 제 삼 십 일

須菩提 若人 言 佛說我見人見衆生見壽者見 須菩提
수보리 약인 언 불설아견인견중생견수자견 수보리
於意云何 是人 解我所說義不 不也 世尊 是人
어 의 운 하 시인 해아소설의부 불야 세존 시인
不解如來所說義 何以故 世尊 說我見人見衆生見壽者見
불 해 여 래 소 설 의 하 이 고 세존 설아견인견중생견수자견
卽非我見人見衆生見壽者見 是名我見人見衆生見壽者見
즉 비 아 견 인 견 중 생 견 수 자 견 시 명 아 견 인 견 중 생 견 수 자 견

須菩提 發阿耨多羅三藐三菩提心者 於一切法 應如是知
수보리 발아뇩다라삼막삼보리심자 어일체법 응여시지

如是見 如是信解 不生法相 須菩提 所言法相者
여시견 여시신해 불생법상 수보리 소언법상자

如來說卽非法相 是名法相
여래설즉비법상 시명법상

제31. 지견을 내지 않는다

"수보리야, 만약 어떤 사람이 말하기를 '여래가 나라는 견해와 남이라는 견해와 중생이라는 견해와 수명에 대한 견해를 말하더라'라고 한다면, 수보리야, 그대는 어떻게 생각하는가? 이 사람은 내가 말한 이치를 제대로 이해한 것인가?"

"아닙니다, 세존이시여. 이 사람은 여래께서 말씀하신 이치를 이해하지 못하였습니다. 왜냐하면 세존께서 말씀하신 나라는 견해와 남이라는 견해와 중생이라는 견해와 수명에 대한 견해는, 곧 나라는 견해와 남이라는 견해와 중생이라는 견해와 수명에 대한 견해가 아닙니다. 그 이름이 나라는 견해와 남이라는 견해와 중생이라는 견해와 수명에 대한 견해일 뿐이기 때문입니다."

"수보리야, 최상의 깨달음에 대한 마음을 일으킨 사람은 모든 법에 대하여 반드시 이와 같이 알아야 하고, 이와 같이 보아야 하며, 이와 같이 믿고 이해해서 법에 대한 상(相)을 내지 않아야 한다. 수보리야, 법에 대한 상이란 곧 법에 대한 상이 아니고 그 이름이 법에 대한 상이라고 여래는 말할 뿐이다."

●

나는 현재 살고 있는 청룡암을 사랑한다. 그러나 청룡암은 대한불교조계종 소속의 공찰이어서 주변 사람들 대다수가 내가 여기에 공들이는 것에 대해서 걱정한다. 그렇게 잘 다듬고 고쳐봤자 임기가 다 되면 떠나야 한다면서. 아무튼 이 암자에 처음 왔을 땐 가난한 절의 부처님을 돌봐야겠다는 생각밖에 없었다. 그외 다른 것은 별로 생각하지 않았다.

절을 수리하고 분위기를 밝게 만들려고 노력을 많이 했다. 다행인지 모르지만, 나는 꽃을 좋아해서 법회가 있을 때마다 꽃 꽂기를 마다치 않았다. 그러다가 절 앞 게시판에 그림을 그리기 시작했다. 지나가는 사람들에게 남기는 메시지와 함께. 그러고 보니 벌써 몇 년이 흘렀다. 재밌는 건 항상 꽃 그림을 그린다는 점이다. 물고기, 새, 나무, 별, 달 등도 등장하지만, 그림의 십중팔구는 꽃이다. 나는 아무래도 전생에 꽃 파는 여인이었나 보다. 어쩌면 꽃에 붙어 공생하는 벌레나 나비였을지도.

그러던 어느 날, 절을 찾아온 신도 한 명이 내가 그린 그림을 보고는 얼굴이 굳었다. 자신은 꽃을 싫어한다며, 꽃 그림도 싫다고 고개를 저었다. 나는 깜짝 놀랐다. 세상에 꽃을 싫어하는 사람도 있구나 싶어 피식 웃음이 났다. 정말 엉뚱하면서도 신선한 충격이었다. 각자 좋고 싫음이 있을 텐데, 나에게 꽃만큼은 누구나 좋아할 거라는 선입견이 있었던 모양이다.

조지아 오키프(Georgia O'Keeffe, 1887~1986)라는 여성 화가가 있다. 20세기 미국 현대미술 화가인데, 그는 항상 꽃을 소재로 한 그림을 그렸다. 오키프의 꽃 그림은 크고 화려하고 화사하며 몽환적인 느낌이다. 화면 가득한 꽃이 강렬한 색채로 표현되어 계속 들여다 보면, 꽃이 아닌 다른 생물처럼 느껴질 정도다. 그가 그린 꽃 그림은 매우 많다. 그렇게 평생 꽃만 그려온 오키프에게 사람들이 그 이유를 묻자, 92세의 오키프는 이렇게 대답했다.

"사람들은 이제 아무도 진정한 자세로 꽃을 보려 하지 않아요. 꽃은 너무 작아서 보는 데도 시간이 걸리는데, 현대인들은 너무 바빠서 그럴 시간이 없으니까요. 내가 꽃을 거대하게 그리면 사람들은 그 크기에 놀라서 아마 천천히 꽃을 보게 될 겁니다."

제31. 「지견불생분(知見不生分)」에서는 견해에 관한 이야기가 나온다. 알다시피, 『금강경』에서는 지금까지 '나라는 상[我相]과 남이라는 상[人相], 중생이라는 상[衆生相]과 수명에 대한 상[壽者相]'에 대해 설해 왔다. 그런데 제31분에서는 '나라는 지견[我見]과 남이라는 지견[人見]과 중생이라는 지견[衆生見]과 수명에 대한 지견[壽者見]'이라는 말이 나온다. 그럼, '상(相)'과 '지견(知見)'은 무슨 차이일까?

사실 '상(相)'과 '지견(知見)'은 기본적으로 봤을 땐 크게 다르지 않다. 우선 '상'은 모양을 말하는 것이므로, 현상을 가리키는 단어로 이해하면 된다. 즉, 생각의 모양이 마음에 자리 잡은 것이다. 한편, '지견'은 자기가 아는 지식으로부터 발생한 관점이나 견해를 말한다. 풀어서 말하자면 이러하다. 아견(我見)은 나라는 존재에게 집착해서 일으키는 견해다. 인견(人見)은 남을 향해 갖게 되는 집착과 그 견해를 말한다. 중생견(衆生見)은 모든 생명에 대하여 일으키는 견해를 말하며, 수자견(壽者見)은 생명을 연속시키기 위한 집착에서 비롯되는 견해다.

지견(知見)	지식으로부터 발생한 관점이나 견해
아견(我見)	나라는 존재에게 집착해서 일으키는 견해
인견(人見)	남을 향해 갖게 되는 집착과 그 견해
중생견(衆生見)	모든 생명에 대하여 일으키는 견해
수자견(壽者見)	생명을 연속시키기 위한 집착에서 비롯되는 견해

불교는 세상 모든 것이 '마음'이요, 존재하는 모든 것이 '의식'이라고 말할 때가 있다. 마음이든 의식이든 이것들이 현상적으로 드러나게 만드는 것이 '상'이다. 예를 들어 마음이 교만해져서 자기 자신을 최고로 여길 때, 여기에 '상'이 붙었다. 이것을 '아상(我相)'이라고 한다. 이런 상은 대부분 낡은 사고방식을 만들어낸다. 새로운 것을 만들어내지 못하고, 오로지 과거의 기억에만 의존하여 낡은 것들을 만들어내는 습성이 있다. 그러므로, 상이 남아 있는 한 우리는 깨달음에 이를 수가 없다.

지견이나 견해, 이념이나 고정관념도 마찬가지다. 상에 사로잡혀 의식 안에 고정되어 있다면 지견이 된다. '내가 제일 잘 나가. 내가 제일 똑똑해.'라는 '상'에 빠져서 사람들과의 관계 속에서도 그런 생각이 꽂꽂하게 박혀 있다면, '아견(我見)'이 되는 것이다.

나쁜 견해를 예로 들었지만, 부처님이 설하는 가르침에는 좋고 나쁨이 없다. 이치대로 말하자면 그냥 둘 다 나쁜 거다. 상이나 견해가 강하면 강할수록 인간의 삶에 갈등과 긴장을 초래하기 때문이다. 사람들 사이에 끼어들어 화목을 깨고 불화를 일으키며, 사회를 분열시키고 불안하게 만드는 요인이 다 강한 견해들이기 때문이다. 따라서 '아상'과 '아견'을 가지고 혼동할 이유 하나도 없다. 마음에 나타나면 '상'이요, 고정된 견해를 만들면 '아견'이다.

그런데 부처님은 이 네 가지 견해[我見·人見·衆生見·壽者見]가 실제로는 존재하지 않는 것으로, 모든 게 다 이름일 뿐이라고 하셨다. 이름 붙이기를 좋아하는 중생들이 그 이름에 속지 않기를 바라며 하신 말씀이다.

이름을 붙이고 나면 '상'이 생긴다. 이름은 나의 시야를 흐리게 하는 장애물이다. 우리는 어떤 것이든 이름을 들으면 그것에 갇혀버리고 만다. 그렇기에 부처님은 단지 이름일 뿐이니, 이름에 얽매여 있지도 말고, 그런 이름이 만들어낸 '상'으로부터 벗어나라고 하신 것이다.

여기서 잠깐 재밌는 이야기를 하나 소개하겠다. 인도에 전해지는 우화다. '목발 없이 걷기'(『신이 쉼표를 넣은 곳에 마침표를 찍지 말라』, 류시화, 더숲, 2019)라는 제목의 이야기인데, 다 읽고 나면 고개를 주억거릴 만한 이야기다.

어느 날, 숲으로 사냥을 나간 왕이 실수로 말에서 떨어져 한쪽 다리를 못 쓰게 되었다. 목발에 의지하지 않고선 걸을 수 없었던 왕은 모든 백성에게 앞으로 목발을 짚고 다니라고 명령했다. 목발을 짚고 다니지 않으면 사형까지 시키겠다고 엄포를 놓았다. 그로 인해 남녀노소 할 것 없이 모두 목발을 짚고 다녀야 했다. 심지어 나라를 지키는 군대도, 경찰도 다 목발 부대가 되었다. 온 백성이 두 발이 있어도 자유롭게 걸을 수 없게 된 것이다.

이러한 불행은 오랫동안 지속되었다. 왕이 너무 오래 살았기 때문이다. 세월이 흐르고 흘러 세대가 바뀌자, 사람들은 아예 목발 없이 걸을 생각조차 하지 않게 되었다. 사람들은 목발을 짚은 채 일도 하고 춤도 추었다. 더 불행한 건 왕이 죽은 후에도 달라진 게 없었다는 점이다.

그런데 목발을 짚는 것의 부당함을 깨닫고, 일찍이 홀로 숲에 들어와 은거하던 한 사람이 있었다. 그는 사람들을 떠나 숲에서 홀로 살았다. 하지만 그는 온전하게 걷는 행복을 놓치지 않았다. 생필품을 구하기 위해 마을로 내려갈 때만 어쩔 수 없이 목발을 짚었고, 그조차도 왕이 죽자 바로 목발을 불에 던져버렸다.

사람들은 그가 두 발로 자유롭게 걷는 것을 보고, 처음엔 이상하게 여기다가 나중엔 찾아가 두 다리로 걷는 법을 알려달라고 했다. 그는 특별한 비법이 있는 것이 아니라, 그저 목발을 버리고 걸으면 된다고 했다. 그러나 사람들에게 있어 목발을 버리는 것은 쉬운 일이 아니었다. 그들은 목발을 버릴 수 있게 도와달라고 계속해서 청했다.

아무리 애원한들, 그들에게 가르쳐 줄 것은 많지 않았다. 지금 당장 짚고 있는 목발을 내려놓으라는 것뿐이었다. 목발에 의지하지 말고 스스로 걷는 것! 그것이 그가 가르치는 전부였다. 그는 그것이 가능하다는 것을 몸소 보여주었다. 그랬더니 많은 사람들이 제자가 되었고, 스승이 생을 다할 때까지 목발 내려놓는 법을 배우고 연마했다.

그런데 이상한 건, 몇 사람을 제외하곤 목발을 버리고 자유롭게 걷는 사람이 없었다는 점이다. 목발을 버리라고 가르쳐주는 사람들조차 목발을 짚은 상태였다. 그리고 그들에게 소중한 건, 최초의 스승이 불에 던져버려서 타다 남은 목발의 잔해였다고 한다.

나는 이 이야기를 다 읽고 나서 순간 입가에 미소가 지어졌는데, 한편으론 슬프기도 했다. 내가 바로 목발을 짚고서 목발을 버리라고 말하는 사람이니까.

"여러분, 상이건 지견이건 그냥 던져버리세요. 저 목발처럼."

무엇에도
흔들리지 않는다

◎

제32. 응화비진분

應化非眞分 第三十二
응화비진분 제삼십이

須菩提 若有人 以滿無量阿僧祇世界 七寶持用布施
수보리 약유인 이만무량아승지세계 칠보지용보시
若有善男子善女人 發菩薩心者 持於此經 乃至四句偈等
약유선남자선여인 발보살심자 지어차경 내지사구게등
受持讀誦 爲人演說 其福勝彼 云何爲人演說 不取於相
수지독송 위인연설 기복승피 운하위인연설 불취어상
如如不動 何以故
여여부동 하이고

一切有爲法 如夢幻泡影
일체유위법 여몽환포영
如露亦如電 應作如是觀
여로역여전 응작여시관
佛說是經已 長老須菩提 及諸比丘比丘尼優婆塞優婆尼
불설시경이 장로수보리 급제비구비구니우바새우바이
一切世間 天人阿修羅 聞佛所說 皆大歡喜 信受奉行
일체세간 천인아수라 문불소설 개대환희 신수봉행

제32. 응화신은 진신이 아니다

"수보리야, 만약 어떤 사람이 한량없는 아승지 세계에 가득한 금은 보화를 가지고, 널리 보시한 이가 있고, 또 다른 어떤 선남자 선여인이 있어 보살의 마음을 내어 이 경전을 가지고 네 글귀만이라도 받아 지니고 읽고 외워서 다른 이를 위해 설명하여 준다면, 그 복이 앞의 복보다 훨씬 더 뛰어나다.

어떻게 하는 것이 남을 위해 설명해 주는 것인가? 상(相)을 취하지 말고, 여여(如如)하여 흔들리지 않는 것이다. 왜냐하면, 모든 작위(作爲)가 있는 것은 마치 꿈같고, 환영 같고, 물거품 같고, 그림자 같고, 이슬 같고, 번개 같으니 반드시 이와 같이 관하라."

부처님께서 이 경을 다 말씀하여 마치시니, 덕이 높은 수보리 존자

와 여러 비구 비구니와 우바새 우바이와 일체 세간의 천신들과 사람들과 아수라들이 부처님의 말씀을 듣고서 모두 다 크게 기뻐하여, 믿고 받아들이며 받들어 수행하였다.

●

최근 우리 동네에 큰 공사가 한창인 건물이 있다. 주위 사람들에게 물어봤더니, 김대건 신부의 기념관을 짓는 거라고 했다. 김대건 신부라면, 우리나라 최초의 가톨릭 사제이자 순교자다. 그리고 시성(諡聖)을 받아 성인(聖人)이 되신 분이다. 가톨릭 신자가 아니어도 이 정도는 알고 있다. 아무튼 존경받는 성(聖) 김대건 신부께서 내가 사는 동네로 오신다니, 왠지 뿌듯해지면서 기분이 너무나 좋았다. 그래서 그분에 대해 찾아봤더니, "사랑을 잊지 마십시오."라는 말씀을 마지막까지 자주 하셨다고 한다. 그리고 뜻밖에도 이런 한시 구절을 인용하셨다.

오동나무는 천 년이 지나도 곡조를 간직하고,
매화는 일생 춥게 살아도 향기를 팔지 않는다.

桐千年老恒藏曲(동천년로항장곡)
梅一生寒不賣香(매일생한불매향)

이 시구는 원래 조선 중기의 문인 신흠(申欽, 1566~1628)의 시 "매화는 향기를 팔지 않는다(梅不賣香)"에서 유래한 것이다. 생각해 보니, 순교자가 인용할 만한 말씀이겠구나 싶다. 무엇에도 흔들리지 않아야 자신의 신념을 지킬 수 있었을 테니까.

『금강경』의 마지막에 이르러서 보니, 흔들림이 없다는 말은 이 경전의 핵심과도 연결되는 느낌이다.

상(相)을 취하지 말고,
여여(如如)하여 흔들리지 않는 것이다.

不取於相(불취어상)
如如不動(여여부동)

『금강경』을 공부한 사람이라면, 항상 이것을 잊지 말아야 한다. 나 자신은 물론이요, 남에 대해서도 또한 아무것도 단정 짓지 말아야 한다. 사물에 대해서도 마찬가지이며, 부처님에 대해서도 틀에 가두어 생각해선 안 된다. 어떻게 정의를 내려도 타당한 정의가 되지 못한다. 다른 사람의 견해에 의존해서 살아가서도 안 될 뿐만 아니라, 자신의 견해에 빠져서 살아가서도 안 된다. 모든 것이 무상하다.

부처님은 유한한 것들에 대하여 "마치 꿈같고, 환영 같고, 물거품 같고, 그림자 같고, 이슬 같고, 번개 같으니, 반드시 이와 같이 관하라(一切有爲法 如夢幻泡影 如露亦如電 應作如是觀)." 이렇게 말씀하셨다. 형상이 있는 것에만 해당하는 것이 아니다. 생각이나 관념도 마찬가지다. 마음에서 일어나는 것들도 역시 그렇다. 끝없이 형태를 바꿔가며 자신을 불행하게 만들고 있다.

자신이 만들어낸 것이지만, 정체불명이라 잡을 수도 없고 찾을 수도 없는 게 마음이다. 그렇게 모두가 허망한 것이니, 마음에 사로잡힐 이유도 없고, 집착할 필요가 없다. 그저 잠시 스쳐 지나갈 뿐, 영원히 머무는 것은 없다.

자 그럼, 결론을 이야기해 볼까.

『금강경』의 가르침을 바탕으로 다시 『금강경』을 읽어보면, 『금강경』 안에는 단 하나의 가르침도 남아 있지 않다. **우리는 배운 바도 없고, 부처님은 가르치신 바도 없다. 들었으되 들은 바가 없다. 그러나, 들은 것은 없어도 그 안에는 분명 무언가가 있었다. 완전히 비어 있으나, 가득 찬 가르침 말이다.**

추사 김정희 선생은 난을 치며 이런 말을 남겼다. "난초를 그리는 데는 법이 있어도 안 되고, 법이 없어서도 또한 안 된다(寫蘭有法不可無法亦不可)." 어느 정도 경지에 이른 이라야 알 수 있는 가르침인 듯하다. 아무튼 끈질기게 집착하는 습성을 내려놓고, 여여(如如)하게 무심(無心)하게 살아가는 것이 답인가 보다.

반드시 색에 머물지 말고 마음을 내야 하며,
성·향·미·촉·법에도 머물지 말고 마음을 내야 하나니,
그 어떤 것에도 머무는 바 없이
마음을 내어라.

不應住色生心(불응주색생심)
不應住聲香味觸法生心(불응주성향미촉법생심)
應無所住(응무소주)
而生其心(이생기심)

책을 마치며

어느 날 문득 지나온 길을 돌아보면, 치열함과 고단함으로 분명 열심히 살아온 것 같은데, 그저 꿈을 꾼 것만 같을 때가 있습니다. 절에 들어간 이후의 삶은 그리 순탄하지 않았고, 가족을 비롯하여 사랑하는 이들의 죽음 앞에서는 토해 낼 수 없는 슬픔으로 칠흑 같은 어둠에 갇혔을 때도 있었습니다. 하지만, 좋은 일도 나쁜 일도 지나고 보면 다 허망한 것임을 알게 되었죠.

화두를 들며 참선하던 때나 경전을 공부하던 이국의 학교에서조차 저는 내면이 무너질까 두려워 일부러 허리를 꼿꼿하게 세우고 지냈습니다. 그래봤자 마구니의 일터처럼 '탐(貪)·진(瞋)·치(癡)'에 물들어갈 따름이었는데 말입니다. 그렇기에 즐거웠던 순간보다는 힘들고 괴로웠던 때에 하나둘 접어두었던 마음 앓이를 경전 아래에 펼쳐두고 글을 썼습니다. 모든 게 막막했지만 『금강경』을 통한 부처님의 가르침 덕분으로 합리적인 사유 방식과 자유로운 삶을 조화롭게 추구하게 되었으니까요.

글쓰기를 마치고 보니, 이 책을 쓰기 전에 저는 『금강경』에 대하여 '상만 버리면 된다'라고 하는 또 다른 고정관념을 가지고 있었던 것 같습니다. 책을 시작하면서 『금강경』이야말로 '어떻게 살아갈 것인가'에 대해 알려주는 경전이라고 호언장담(豪言壯談)을 했던 것도 '상을 버리는 것'이 명확한 답처럼 보였기 때문입니다.

그런데 책장을 덮는 지점에 와보니, 『금강경』은 무엇보다 업(業)을 만들지 않는 방법을 가르쳐주는 경전이라는 생각이 들었습니다. 편견과 고정관념, 차별과 집착까지 다 내려놓고, 있는 그대로 보고 듣고 받아들이며 인연을 짓는다면, 아무래도 새로운 업을 덜 짓게 될 테니까요. 물론, 이는 모두 불교의 가르침을 배우는 우리가 '어떻게 살아갈 것인가'에 대한 답과도 일맥상통한다고 생각합니다.

오래전 연암 박지원 선생이 이르기를, 책을 저술하는 사람에게는 네 가지 어려움이 있다고 했습니다.

"첫째는 근본이 되는 학문을 갖추기 어렵고, 둘째는 공정하고 밝은 안목을 갖추는 게 어려우며, 셋째는 자료를 종합하는 역량을 갖추기가 어렵고, 넷째는 분명하고 명쾌한 판단력을 갖추는 게 어렵다."

연암 선생이 피력한 것에 견주어보면, '이제서야 이해되는 시리즈'를 펴내면서 제대로 갖추어진 것 없이 부족하다는 생각에 자꾸만 고개를 숙이게 됩니다. 많은 것을 담으려고 하다 정작 놓치고 지나간 것은 없지 않았나 하는 아쉬움도 있습니다.

더도 말고 덜도 말고, 이 책으로 말미암아 불교 공부에 흥미를 느끼실 수 있길 바랍니다. 나아가 삶의 고통에서 벗어나 홀가분하게 살아가시길, 더 이상의 업도 짓지 말고 자유로워지시길 기원하며, 『이제서야 이해되는 금강경』을 마칩니다. 우리 함께 공부합시다!

을사년 봄 청룡암에서
원영 합장

이제서야 이해되는
금강경

단숨에 읽히고 즐겁게 깨치는
원영 스님의 금강경

ⓒ 원영, 2025

2025년 4월 15일 초판 1쇄 발행
2025년 7월 17일 초판 4쇄 발행

지은이 원영
발행인 박상근(至弘) • 편집인 류지호 • 편집이사 양동민
책임편집 김소영 • 편집 김재호, 양민호, 최호승, 정유리, 이란희, 이진우 • 디자인 쿠담디자인
제작 김명환 • 마케팅 김대현, 김대우, 이선호, 류지수 • 관리 윤정안
콘텐츠국 유권준, 김희준
펴낸 곳 불광출판사 (03169) 서울시 종로구 사직로10길 17 인왕빌딩 301호
　　　　대표전화 02) 420-3200 편집부 02) 420-3300 팩시밀리 02) 420-3400
　　　　출판등록 제300-2009-130호(1979. 10. 10.)

ISBN 979-11-7261-154-5 (03220)

값 18,000원

잘못된 책은 구입하신 서점에서 바꾸어 드립니다.
독자의 의견을 기다립니다. www.bulkwang.co.kr
불광출판사는 (주)불광미디어의 단행본 브랜드입니다.